LA MAISON MIROIR

W0465239

© Guy Trédaniel éditeur, 2017.

ISBN : 978-2-8132-1516-1

Tous droits de reproduction, traduction ou adaptation réservés pour tous pays.

www.editions-tredaniel.com

info@guytredaniel.fr

www.facebook.com/editions.tredaniel

NATHALIE
LAMBOY

LA MAISON MIROIR

TRANSFORMEZ VOTRE INTÉRIEUR
AVEC LE FENG SHUI ET LE HO'OPONOPONO

Guy Trédaniel éditeur
19, rue Saint-Séverin
75005 Paris

Sommaire

Introduction

Le jeu de mon enfance qui m'a laissé le meilleur souvenir fut le jeu de construction. Il consistait à bâtir en trois dimensions une maison, en assemblant différentes pièces de bois. Cependant, mon frère et moi avions trouvé une autre manière de nous amuser avec lui. Sur le sol de la chambre, nous disposions des bâtons de toutes tailles pour définir un large rectangle dans lequel nous répartissions les chambres, le salon et la cuisine. Ces pièces évoluaient en fonction de l'histoire que nous inventions. Des personnages circulaient dans ce dédale de cubes et autres objets bizarres, qui, lorsque l'on prenait de la hauteur, ressemblait ni plus ni moins à un plan de maison. J'adorais passer des heures à imaginer d'autres façons de positionner les pièces et retravailler l'agencement intérieur en fonction de péripéties imaginaires. Le lieu évoluait au gré de la vie des personnages qui sillonnaient cet espace.

Mon aptitude à avoir une vue d'ensemble d'un espace a pu se mettre en place à cette période. L'enfant que j'étais savait intuitivement que les habitants et la maison étaient en symbiose, puisque l'histoire de l'un métamorphosait la structure de l'autre. J'avais également découvert que, dans un même lieu, il était possible de vivre plusieurs vies. Il me restait à grandir pour en faire une de mes activités.

Je pratiquais le tai-chi-chuan depuis plusieurs années, lorsqu'en 1997 ma maître me parla du feng shui. L'idée d'utiliser le Qi, cette énergie qui circule en nous et à l'extérieur de nous, pour améliorer sa vie grâce à son habitat m'interpella. Elle m'expliqua que des experts chinois utilisaient des connaissances ancestrales pour améliorer le bien-être des habitants, en leur apportant prospérité et longévité.

En quelques mois, je me mis à dévorer les ouvrages à ma disposition pour ensuite me former à cet art durant trois ans. La première fois que j'utilisai les principes fondamentaux du feng shui fut à l'occasion de la mise en vente de la maison où nous habitions avec mon ex-époux. C'était une immense demeure, et il semblait peu évident de trouver un acquéreur dans un délai raisonnable. Après quelques semaines guère fructueuses, je décidai de mettre en pratique mes acquis pour accélérer le processus, et le résultat fut surprenant. Dans le mois qui suivit, à la deuxième visite, un acheteur se présenta et signa le compromis. J'étais bluffée.

Avec le recul, je compris qu'il y avait eu un ensemble d'éléments qui avait permis cette vente. L'influence que nous avons sur notre maison est aussi forte que l'influence que nous portons sur notre vie, soyez-en convaincu. Vous avez la main dès que vous le décidez, l'important est d'en prendre conscience.

Cela fait de nombreuses années que j'observe les maisons de l'intérieur comme de l'extérieur. Ce regard, je l'ai utilisé pour développer mon activité en tant que consultante feng shui, et ensuite pour me tourner vers d'autres façons de travailler son « intérieur ». Le développement personnel est entré dans ma vie par la porte du feng shui.

En me formant à d'autres méthodes telles que la psychogénéalogie et à des outils dits psycho-énergétiques comme l'EFT (*Emotional Freedom Technique*), je me suis ouverte à d'autres façons de comprendre notre psyché. C'est à ce moment qu'un autre art ancestral est entré dans ma vie pour devenir mon compagnon de tous les défis, le Ho'oponopono. Ce drôle de mot signifie « rendre droit », « aligner », « corriger » ce qui semble aller de travers dans son existence. Cela consiste à nettoyer en soi les « mémoires » à l'origine des émotions désagréables afin de créer une libération intérieure. Avec Ho'oponopono, ma vie s'est littéralement transformée.

Sans vraiment m'en rendre compte, j'ai écrit huit ouvrages sur Ho'oponopono. Il me fallait aborder cette méthode sous différents angles pour la rendre accessible à tous. J'ai mis toutes mes connaissances, mon expérience et mon enthousiasme dans ces livres et je continue à encourager cette pratique au travers de stages et de conférences pour permettre à chacun de transformer sa vie.

Ces deux techniques – le feng shui et Ho'oponopono – se sont naturellement intégrées dans mon quotidien, je dirais même qu'elles ont fusionné pour devenir cette méthode que je nomme aujourd'hui HO'OME©. Ce nom représente la puissance « intérieure » dont chacun d'entre nous dispose. Que ce soit à partir de votre maison ou de votre

Moi profond, vous disposez de ce potentiel. Ce livre a été conçu pour vous donner la clé de cette compréhension.

J'ai pris conscience de deux éléments essentiels pour être bien dans sa maison et dans sa vie grâce à ces arts traditionnels. Le premier est que nous disposons du pouvoir de transformer notre existence à partir de nous. Le second est que chacun d'entre nous mérite le bonheur, et nous pouvons être heureux là où nous sommes, quel que soit le lieu. Ce livre est là pour vous aider à en prendre conscience.

La maison est le miroir de nos peurs, de nos joies, de nos rêves, et c'est avec elle que j'ai pu réaliser mes aspirations les plus profondes. Je vous transmets dans ces pages l'essentiel de ma compréhension de la magie de l'Univers et de notre formidable capacité à transformer le pire en meilleur.

Je vous souhaite un merveilleux voyage intérieur…

1

Le bon sens chez vous

Pendant de longues années, je me suis comportée comme une victime de la fatalité. Mauvais boulot, mauvais patron, mauvais appartement, mauvaise ville, mauvais compagnon, mauvaise existence, car je pensais être mauvaise femme. Jusqu'au jour où j'ai eu cette révélation : et si c'était ma vision de l'existence qui était mauvaise ?

Cela me prit deux années pour en arriver à cette conclusion. Avant cela, je suis passée par plusieurs étapes : la dépression, la colère et le rebond. Le sentiment d'abandon résonnait fortement dans mon cerveau. Abandonnée par les miens, abandonnée par la vie, alors qu'en fait c'était moi qui étais en train d'abandonner la vie.

À cette époque, je n'avais aucune notion de feng shui, je fuyais les psys et j'étais persuadée que je pouvais contrôler les événements. Sauf que la réalité était tout autre. Je réagissais devant les problèmes comme je l'avais toujours fait. Je répétais encore et encore les mêmes comportements, ceux qui m'avaient amenée à être de nouveau confrontée aux mêmes types de problèmes. Il était temps que je fasse quelque chose de nouveau.

Je pris la décision de changer ma vie, de prendre en main mon existence en commençant par une chose qui me paraissait simple d'accès : arrêter de fumer. Cet engagement, je le fis à moi-même et pour moi-même. Après tout, pourquoi solliciter l'attention des autres, j'avais besoin de reprendre confiance en moi, de me prouver que je pouvais changer. Ce que pensait ma famille ou mes amis m'importait peu. Certains auraient pu approuver, d'autres auraient pu être sceptiques, ce dont j'étais sûre, c'était que j'avais besoin de m'auto-apprécier.

Dans cet élan nouveau qui me donnait de l'oxygène, mon intuition m'amena à revisiter l'aménagement de mon appartement, qui avait lui aussi besoin d'air.

Le changement de comportement que j'adoptai – arrêter de fumer – me conduisit à regarder mon environnement différemment. Je mis dehors les cendriers et tout autre objet pouvant me rappeler la cigarette. Au bout de quelques jours, mon odorat fonctionna de nouveau à 100 %, et l'odeur de tabac froid qui imprégnait vêtements, rideaux, coussins me décida à un grand nettoyage. Je profitai de cette incursion dans mes placards pour éliminer ce qui ne me servait plus. Rafraîchir et faire de la place dans l'appartement prit ensuite une dimension plus créative. Je bougeai les meubles dans le but de créer un nouvel espace plus adapté à mes objectifs. Comme j'avais repris le sport de façon plus intensive, je mis à portée de main les équipements de vélo, de piscine et de randonnée. Mon appartement se transformait au gré de mes nouvelles priorités. Je me souviens de ce dimanche où, après deux jours de grand nettoyage, un sourire de satisfaction apparut sur mon visage. Je me sentais bien, j'étais à ma place, complètement à l'aise dans mon « nouvel appartement ».

Avec zéro centime, j'avais totalement réorganisé mon lieu de vie pour en faire un espace adapté à mes nouvelles exigences. Je n'avais écouté que ma voix intérieure. C'était comme une vibration. Je ressentais une vague de bien-être me parcourir le corps lorsque je suivais ces pulsions. Elle me fit faire l'unique achat du moment : un petit bouddha chinois qui trôna dans l'entrée dès la fin du réaménagement. Il avait un visage rond et souriant, il respirait la joie. Lorsque je rentrais chez moi, mon regard se portait immédiatement sur lui, je me sentais apaisée. Il était mon cadeau de bienvenue dans ma nouvelle vie. Le sourire de bouddha, que je voyais chaque jour quand je franchissais la porte de mon appartement, me ramenait à cette promesse que je m'étais faite : « N'abandonne pas. »

Les émotions

Comme je l'ai indiqué au début de ce chapitre, je suis passée par trois phases : la dépression, qui m'avait amenée à revoir ma vision de l'existence, la colère, qui m'a donné l'énergie de tout nettoyer dans mon appartement, et le rebond, qui m'a servi de guide pour le réaménager. Ces trois éléments m'ont permis de me poser de véritables questions sur mon existence, comme celle de la direction que j'étais en train de lui donner. Le fait d'être maman m'avait donné l'impulsion pour aller vers ce questionnement.

Les idées morbides qui occupaient mon esprit à cette période laissaient peu de place à l'envie de voir les choses autrement. Il me fallut sombrer, jusqu'à lâcher mes plus grandes peurs, pour que l'improbable se produise.

Telle est ma perception de la dépression. Elle amène au lâcher-prise pour permettre ensuite de renaître de ses cendres.

La colère est une étape classique où le corps semble se réanimer, avec l'envie de tout bousculer. Il faut être vigilant à ce moment pour ne pas entrer dans l'hyperactivité, sinon c'est l'épuisement, et le retour à la dépression.

Puis vint le temps de la réflexion. Puisque je m'étais pris en pleine figure mon incapacité à réussir dans plusieurs domaines de ma vie, je pus, pour la première fois, me regarder en face.

Faire le constat de ce que j'étais à cet instant m'a sauvée.

Après cette prise de conscience, je n'avais plus le choix. Je devais être honnête avec moi-même. C'est alors que je me suis avoué mes véritables aspirations et que je les ai acceptées. Ce fut un tournant décisif de mon existence.

Lorsque je regarde aujourd'hui cette période de ma vie, je me félicite d'avoir été obligée d'aller au bout du désespoir pour comprendre que je détenais le pouvoir de changer ma vie. Je vivais seule avec ma fille et j'avais alors très peu de moyens. Prendre la décision de changer mon existence semblait compliqué, mais je devais passer à l'action, j'en étais convaincue. Mon intuition me guida, et je l'écoutai pour la première fois. Elle m'amena à utiliser ce que j'avais à portée de mains : l'appartement dans lequel je vivais.

Les émotions ne vous appartiennent pas. Vous pouvez vivre la colère, la dépression, la rancœur : ces émotions arrivent dans votre existence pour ensuite disparaître.

> Il me semble important de prendre conscience que le fait de vivre la colère ne fait pas de vous une personne colérique. Il en va de même si vous faites une dépression : cela ne fait pas de vous une personne dépressive.

Vous faites l'expérience de la colère ou de la dépression, mais cela ne vous définit pas. Le seul qui ait tendance à s'y accrocher est votre mental ou, plus exactement, l'ego. C'est ainsi que vous retombez régulièrement dans cette habitude du mental qui consiste à reproduire, encore et encore, un même comportement face à un même type de situation. Mais en dehors de ces périodes, vous vivez des émotions plus agréables, comme la joie, la paix, et d'autres moins agréables comme la frustration, la rancœur ou l'envie. Elles ne font que passer dans votre existence.

J'ai vécu la dépression, la colère, et je les ai acceptées pour ce qu'elles sont, c'est-à-dire des expériences. Quand on entre dans cette tolérance intérieure, il devient plus facile de transformer ces moments. Tant que vous êtes dans le refus ou le déni, la souffrance devient intolérable et vos actions au quotidien s'en ressentent. Plus vous entrez dans cette prise de conscience, mieux vous pouvez agir.

À cette époque, je n'avais pas encore eu connaissance des outils comme le feng shui ou le Ho'oponopono. En plongeant dans mes peurs les plus profondes et en étant confrontée à des situations extrêmes, j'ai compris qu'il y avait une étape vitale à passer : l'acceptation. Sans elle, on tourne en rond, on rumine et on dérive, on navigue dans les marécages de l'incertitude où le sentiment d'être victime prend tellement d'ampleur que le royaume des ténèbres s'étend de plus en plus. Accepter de vivre la dépression et la colère m'a permis de grandir, d'évoluer et, surtout, de voir à quel point je pouvais être déterminée.

Aujourd'hui, je ne suis pas à l'abri de ce type d'émotion. Les situations difficiles font régulièrement surface, seulement, je ne me juge plus. Je m'observe avec bienveillance. Je suis en colère, frustrée, triste, jalouse, désespérée ou énervée : je regarde d'abord mon émotion. La situation qui m'a mise dans cet état est un élément que je ne peux contrôler.

Ce que je peux changer, c'est mon état intérieur. Avec Ho'oponopono, je me donne cette opportunité. L'extérieur réveille mes peurs, mes envies et mes manques. « Je n'ai pas d'argent, donc je ne peux rien faire » a été une limite pour moi, jusqu'au moment où j'ai compris que ce n'était qu'une barrière érigée de l'intérieur. Franchir cet obstacle est possible si on le reconnaît, si on accepte que ce concept est une vision personnelle et que ce n'est peut-être pas la vérité.

> J'ai bougé mes meubles comme on remue ses valeurs, j'ai vidé mes placards comme on se débarrasse de peurs anciennes, et j'ai regardé tout cela avec mon cœur.

Le bon sens

Transformer mon appartement pour qu'il soit une aide à mes nouvelles priorités est « du simple bon sens », comme on dit souvent, et il s'agit bien de cela : le « sens », la direction à prendre. J'avais mis en place un premier objectif : arrêter de fumer, et j'avais revu l'aménagement de mon lieu de vie d'après cet objectif. Mais avant cela, je m'étais posé une vraie grande question pour la toute première fois après 30 ans d'existence.

Je vous invite à noter dans un cahier ou sur une page de votre écran d'ordinateur cette question pour y répondre plus tard.

La question, la voici :

« Qu'est-ce que je souhaite faire de ma vie ? »

Peu de personnes osent répondre ou se poser cette question cruciale, et pourtant, elle ouvre bien des portes.

Je continue aujourd'hui à me poser cette question dès que je me sens au bout d'une réalisation. Pour qu'elle ait plus d'impact, je me la pose sous cette forme :

« Que souhaites-tu faire du temps qu'il te reste à vivre ? »

À vous, lecteur, de vous demander sincèrement ce que vous souhaitez faire de votre vie et d'y répondre honnêtement.

Si cela vous semble difficile, j'ai décrit dans un précédent ouvrage – *Les 7 Tremplins du succès* – des outils pour vous aider à développer ce tremplin : le sens. En étant combiné aux autres tremplins, comme la bienveillance, le leadership ou la communication, il donne l'impulsion vers la réalisation et la mise en place de vos projets. Ces éléments ont fonctionné pour moi et pour Chris Peytier, le coauteur de ce livre. Je pense, comme de nombreux lecteurs, que vous avez vous aussi la possibilité de faire entrer le succès dans votre vie.

La première fois que j'ai répondu honnêtement à cette question – « Qu'est-ce que je souhaite faire de ma vie ? » –, en écrivant ma réponse, j'ai ressenti une libération intérieure se produire. Quelque chose se débloqua dans mon corps en un instant. Alors que je vivais dans le désespoir depuis des mois, la joie m'envahit longuement. Oui, la vraie joie, celle qui vient des tripes.

J'avais résisté à mes véritables aspirations depuis si longtemps que, lorsque je m'accordai enfin le privilège de m'avouer ce que je souhaitais vraiment, je vécus une sensation nouvelle si intensément positive que je n'eus qu'une seule envie depuis ce moment : la retrouver.

Le bon sens consiste à trouver la direction que vous voulez donner à votre vie. Beaucoup d'entre nous se disent : « Je vais suivre le mouvement, aller où les éléments me mènent, et on verra bien. » Ils n'ont aucune idée de ce qu'ils souhaitent mettre en place. Cette façon de faire, je la connais bien, et elle m'a perdue. Je me suis retrouvée à errer dans le purgatoire de mon existence pendant des années jusqu'à ce que je comprenne que je devais avoir un but pour diriger convenablement mon navire.

Je me suis donné un but principal dans ma vie. Le jour où je fermerai les yeux, je poserai un regard rempli de satisfaction sur mon existence, car j'aurai vécu tout ce que j'avais souhaité. Je m'imagine sereine, satisfaite, avec un grand sourire, prête à quitter ce monde dans la paix. Cette image, je la conserve précieusement dans mon cœur. Avec le temps, elle est devenue de plus en plus lumineuse. Dès que je me sens désorientée, dans les doutes, ou prête à tout lâcher, je reprends cette pensée, et toute l'énergie de douceur et d'amour dans laquelle je l'ai créée refait surface en un instant. Pour moi, vieillir est un cadeau et l'opportunité de m'approcher de ce résultat. Alors, je mets toute mon énergie au quotidien pour que cela se déroule ainsi.

« Vous êtes ici »

Pour aller dans une direction, il faut tout d'abord définir où vous vous trouvez. Vous pouvez pointer du doigt sur une carte la destination où vous souhaitez vous rendre, mais si vous ne savez pas où vous êtes, vous allez chercher longtemps la route à prendre. Le pourcentage de réussite pour atteindre votre destination sera très faible.

J'ai déclaré plus haut que le fait de me regarder en face honnêtement m'avait sauvée. En regardant où vous êtes, vous faites le constat de ce que vous avez réalisé.

C'est seulement après avoir listé vos acquis et ce que vous avez accompli que vous pourrez définir les domaines qui demandent à être améliorés.

Faire ce constat n'est pas évident. Vous pouvez manquer d'objectivité ou vous trouver des tonnes d'excuses pour éviter de faire cette liste. Ou encore, vous commencez par regarder ce qui vous manque en oubliant de noter ce que vous avez déjà réalisé et en laissant de côté vos capacités. C'est ici que votre maison, ou appartement, intervient.

Lorsque je revois, dans mes souvenirs et avec mes connaissances d'aujourd'hui en feng shui, l'appartement que j'occupais à cette période, je peux vous dire que la tristesse se lisait sur les murs.

Le gris dominait, et aucune peinture ou photo n'ornait les murs. Seule la chambre de ma fille bénéficiait de couleurs. La table à repasser était toujours en vue, le linge à sécher aussi. Une seule étagère avait été fixée dans le salon, visible dès l'entrée, et elle était posée de travers sur un mur recouvert d'un papier aux motifs gris. Quelques poutres apparentes peintes en marron foncé assombrissaient un peu plus le lieu. Les meubles n'étaient pas mis en valeur, ils étaient fonctionnels, tristes mais pratiques. Le parquet était devenu très sombre. Cela faisait peut-être quatre ans que je vivais ici et je ne m'étais jamais rendu compte à quel point mon appartement reflétait ce manque d'intérêt pour la vie. Seule une plante verte apportait une touche de couleur ; elle survivait tant bien que mal dans ce décor sinistre.

L'excuse que je me donnais à propos du manque d'intérêt pour mon intérieur était que je manquais de temps. Je courais le matin pour amener ma fille à l'école et la récupérer chaque soir chez la nourrice. Chaque jour, je faisais 1 h 30 de voiture pour aller et venir à mon travail, quelques courses au passage, les devoirs, le bain, la cuisine… Je n'avais qu'une envie en rentrant chez moi : me poser sur le canapé et regarder la télé en fumant cigarette sur cigarette.

Le plus difficile est d'accepter que son existence n'a aucun sens. Je faisais ce que j'avais à faire, sans autre objectif que d'accomplir mes tâches quotidiennes. La sensation de tourner en rond s'imposait dans l'inconscient, la monotonie s'installait. Pas de but, pas de chemin, pas d'autres possibilités que de faire du surplace. Mais quelle place, d'ailleurs ? Où en étais-je vraiment ?

Dans cet appartement, il régnait aussi un certain ordre. Mon goût pour le classement et l'archivage montrait que je réglais les problèmes au fur et à mesure qu'ils arrivaient. Pas question de laisser traîner de vieilles affaires, que ce soit au niveau administratif ou vestimentaire. La propreté était là, le nettoyage de mon appartement m'apportait une réelle satisfaction, car je ressentais le besoin d'éliminer le marasme de mon existence plusieurs fois par mois. Je pris également le temps de regarder ce que j'avais accompli. Ma fille était une bonne élève, et j'étais fière de lui avoir permis d'exercer son talent de musicienne. De mon côté, j'avais repris l'école par deux fois en suivant des cours pour adultes. J'assumais mon rôle de maman et me formais aux nouvelles technologies. Je remarquais ma capacité à déplacer des montagnes lorsque je me lançais dans un projet. C'est alors que je décidai de regarder mon retour à la vie comme le nouveau grand projet de mon existence.

Il y a une véritable symbiose entre votre habitat et l'état d'esprit dans lequel vous vous trouvez. L'impact de l'un sur l'autre est indéniable. La phrase du premier maître feng shui que je rencontrai quelques années plus tard résonne encore en moi : **« Ce qui est à l'intérieur apparaît toujours à l'extérieur. »** Vous pouvez savoir exactement où vous vous trouvez en observant votre intérieur.

L'appartement dans lequel je vivais s'était imprégné de la fumée de mes cigarettes et de mon humeur. J'empoisonnais mes poumons et ma vie, ainsi que celle de ma fille. Je constatai aussi ma capacité à aller de l'avant pour mener à bien un projet. En posant ce regard lucide sur mon existence, je n'étais pas dans la culpabilité. Ce sentiment m'avait longtemps animée et il était la cause de ma dépression. Inutile d'y retourner.

Cette fois, je regardai mon appartement avec l'éclairage du cœur. Je pris conscience de l'état de mon existence en faisant le point sur ce que j'avais accompli. De cette manière, je pus définir précisément ce dont j'avais besoin pour aller vers mon objectif.

Faites un état des lieux

Regardez vos murs. Sont-ils vides ou au contraire chargés de multiples tableaux et photos ? Est-ce que vos meubles ont l'air de sortir d'un grenier et mériteraient un bon coup de pinceau, ou ont-ils l'air de n'avoir jamais servi ? À quoi ressemble votre intérieur quand vous rentrez le soir : est-ce un champ de bataille ou au contraire donne-t-il l'impression que personne ne vit ici ?

Que vous ayez l'impression de vivre à cent à l'heure ou que l'ennui vous gagne chaque jour, sachez que vous faites de votre mieux et qu'il est inutile de vous juger.

Je vous délivre ici des éléments pour vous permettre de prendre conscience de votre état d'être et de ce qui mérite d'être amélioré. Nous passons tous par des phases difficiles.

Voici deux éléments qui vont vous permettre de faire un état des lieux de votre intérieur et de vous situer. Il s'agit d'une vision générale pour évaluer votre bien-être ou l'état de votre vie intérieure. Ce constat est instructif parce qu'il va vous permettre de mieux vous connaître.

Ce que vous pouvez observer dans votre habitation

1. L'appartement – ou la maison – est impeccable à tout moment. Vous passez votre temps libre à récurer et à dépoussiérer, encore et encore. Même si vous avez une femme de ménage, la tendance à vouloir que tout soit net et qu'il n'y ait aucune trace de passage est très forte.
2. Votre appartement – ou votre maison – est en désordre quel que soit le jour de la semaine, car vous ne trouvez plus d'intérêt à votre intérieur. Vos priorités sont données à l'extérieur. Le travail, les amis, et toute activité qui a lieu dehors, vous amènent à négliger votre espace intérieur par manque de temps.

Il peut aussi y avoir un mélange des deux, selon les périodes.

Ce que vous pouvez comprendre

Dans le premier cas, c'est l'obsession d'un intérieur impeccable. La sensation de salissure que vous ressentez est si intense que vous avez besoin de nettoyer « à fond » chaque semaine. Ce qui est ressenti à l'intérieur se voit à l'extérieur.

C'est pour vous le meilleur moyen de retrouver un semblant d'équilibre.

Cela peut aussi signifier que ce rituel hebdomadaire, ou quotidien, met en avant un vide dans votre existence que vous comblez par une « saine » occupation. L'image de la femme ou de l'homme d'intérieur exemplaire est devenue l'excuse pour ne pas vous révéler à vos propres aspirations. Vous êtes tellement occupé à cette tâche que vous n'avez plus le temps de faire ce que vous aimez.

Dans le second cas, vous cachez sous des tonnes de prétextes et de linges sales vos véritables rêves avec une hyperactivité qui vous fait aller dans toutes les directions. La volonté de ne pas se regarder en face est très forte. Pas question de remettre en cause votre existence, la fuite vers l'extérieur est le meilleur moyen d'éviter une introspection.

Le désordre intérieur est évident, la « saleté » montre à quel point vous négligez vos aspirations profondes. Si, à l'origine, il s'agissait de vous démarquer des autres, ce comportement est devenu une habitude dans laquelle vous vous enfermez par manque de recul. Pour vous, la vie manque d'intérêt, vous avez perdu le contact avec vos rêves.

Ces deux attitudes peuvent ressortir à des moments différents de votre existence. Il est facile de les détecter chez les autres, mais beaucoup moins évident à repérer chez soi. Je vous invite à faire ce travail sur vous et non sur l'appartement de votre meilleur·e ami·e ou d'un des membres de votre famille. Il est essentiel de commencer par regarder ce que vous avez mis en place dans votre propre existence.

Lorsque je constate que quelque chose me perturbe dans l'appartement d'un de mes proches, je me demande si moi aussi je n'aurais pas quelque chose de tout aussi perturbant dans ma propre maison. Pour m'y aider, je me rappelle cet adage : « Il est plus facile de voir la paille dans l'œil du voisin que la poutre que l'on a dans le sien. »

Revenons à la lecture d'un état des lieux. Je vous ai donné deux conditions extrêmes. D'un côté, un intérieur impeccable, et de l'autre, le désordre et la saleté. Bien sûr, il y a des degrés d'intensité variables. L'appartement peut être négligé pendant un mois, le temps des nouvelles priorités, et puis il retrouve sa splendeur dès que vous revenez à votre quotidien. Le tout est d'être vigilant sur la durée, car il est facile de rester dans cette confusion et d'en faire une nouvelle base.

Faire le grand ménage de printemps est également très libérateur, mais cela peut devenir l'inverse si vous le faites trop fréquemment, en vous enfermant dans les contraintes. Il s'agit de trouver l'équilibre.

En quoi vous occuper de votre appartement ou de votre maison peut-il améliorer votre vie ?

Comme je viens de vous le démontrer, ce que vous avez à l'intérieur s'affiche dans votre lieu de vie. L'inverse est également vrai. Ce qui existe autour de vous influence votre attitude. Vous n'avez pas le même comportement quand vous êtes dans un restaurant luxueusement décoré que dans le snack bon marché de votre quartier. Vous allez même vous habiller en fonction du type de lieu où vous allez vous restaurer, et votre attitude sera différente.

Observez les lieux publics. Lorsqu'ils sont régulièrement entretenus et que les détritus sont ramassés aussitôt, les personnes qui traversent cet espace auront moins envie de laisser tomber sur le sol un papier gras. Ce qui ne serait pas le cas si ce lieu n'était la source d'aucune attention, et que graffitis et ordures débordaient des façades et des poubelles. L'impact de l'environnement sur notre comportement est important.

Ce que vous laissez apparaître dans votre maison va influencer votre attitude. Quand vous ne vous sentez pas bien dans votre vie, cela apparaît autour de vous, et par voie de conséquence cela va renforcer votre mal-être. C'est une boucle sans fin qui s'installe.

Vous pouvez rompre ce cercle infernal. Inutile que quelqu'un d'autre le fasse à votre place, car cela ne correspondra pas à votre propre état intérieur. C'est à vous et à vous seul de briser ce schéma pour que s'affichent sous vos yeux vos véritables souhaits.

Votre atout : votre intuition

J'aimerais maintenant vous donner ma définition de l'intuition. **Je considère cette part de nous comme un guide. Elle est totalement fiable et ne se trompe jamais.** Il ne s'agit pas de flatterie, mais de faire remarquer une qualité que chacun d'entre nous recèle. Le problème est qu'elle est cachée sous les peurs et les exigences du mental. D'ailleurs, ce dernier prend souvent les rênes. Il vous murmure des *« Ce n'est pas ainsi que cela devrait se passer »* ou *« Je sais mieux le faire que lui ou elle »*, ou encore *« C'est comme ça »*. Bref, il parle beaucoup, jusqu'à ne plus laisser de place à la rêverie, *« parce que c'est une perte de temps »*.

L'intuition est un don qui ne vient pas uniquement du ciel, mais de votre intérieur. Ce ne sont pas non plus ces paroles qui tournent en boucle dans votre tête en cherchant absolument à vous convaincre – dans ce cas, il s'agit toujours du mental. Non, l'intuition arrive de manière plus douce, plus calme, et, surtout, elle peut prendre les formes les plus diverses – une image, un titre de livre, une chanson, un appel téléphonique inopiné… Tous ces petits miracles du quotidien sont des signes lancés par votre intuition et que vous seul pouvez percevoir.

Vous ne me croyez pas ? Tant mieux.

Faites le test suivant.

Prenez quelques minutes au calme et réfléchissez à la manière dont s'est déroulée votre journée. Notez ce qui vous a semblé positif et profitable. Notez également ce qui vous a semblé négatif et désagréable. En tout, notez au maximum 5 éléments. Restez au calme et écoutez ce qui se passe en vous. Qu'entendez-vous dans votre tête ?

Même si votre liste comporte 1 point négatif et 4 points positifs, le seul et unique point noir de la journée va commencer à tourner en boucle dans votre tête. C'est ainsi pour la plupart d'entre nous. Il faut faire un effort pour mettre le positif en avant et se concentrer dessus.

Notre cerveau est ainsi conçu. Le stress est nécessaire à notre survie. Le focus se porte naturellement sur les influences extérieures négatives. C'est un réflexe qui nous vient de très loin et qui a permis à nos ancêtres de survivre dans un milieu hostile. Aujourd'hui, ce phénomène est analysé avec grand intérêt par la science et utilisé par le marketing. Notre attention se porte tout naturellement sur les sujets les plus stressants, car ils nous rappellent à nos fonctions primaires de survie. C'est l'instinct, et il n'a rien à voir avec l'intuition.

La difficulté est de se détacher de cette fonction pour arriver à la détente. Il faut rééduquer notre cerveau.

Apprendre à regarder le verre à moitié plein plus souvent que le verre à moitié vide.

Maintenant, respirez profondément, puis respirez normalement. Portez votre attention sur l'air que vous inspirez et expirez. Laissez votre corps choisir le rythme de votre respiration tout en gardant votre intention sur l'inspire et l'expire. Encore quelques secondes ainsi. Les phrases que vous avez notées continuent de traverser votre esprit, vous sentez leur présence. Portez votre attention sur votre respiration tout en respectant votre rythme naturel. Vos oreilles entendent le souffle, vos mains commencent à ressentir les palpitations dans vos veines. Vous êtes entièrement présent à votre corps. En maintenant cet état plusieurs minutes, vous allez ressentir une détente, et l'envie de vous endormir va peut-être vous gagner. Les aspects positifs et négatifs de votre journée semblent s'être estompés, vous n'entendez que votre souffle intérieur. Le mental est au repos. C'est à ce moment précis qu'une idée improbable ou une solution inespérée se présente dans votre esprit. Votre intuition se révèle.

Le Ho'oponopono : un outil indispensable

Il n'est pas évident de se mettre toute la journée dans un état de réceptivité propice à l'intuition. Le mental est très fort pour semer la confusion et faire passer ses messages pour essentiels. J'ai appris à repérer son manège en utilisant la méthode Ho'oponopono. Il s'agit d'un outil de développement personnel que vous pouvez utiliser en totale autonomie, et qui a la particularité de pouvoir s'inscrire parfaitement dans votre quotidien. Dès qu'un événement difficile se présente, quand je ressens un mal-être ou quand je n'arrive pas à prendre de décision, j'utilise Ho'oponopono pour me recentrer et écouter mon intuition.

Ce drôle de mot – « Ho'oponopono » – vient de Hawaï. Il signifie « corriger », « rendre droit ». Il est issu d'un protocole ancestral pour résoudre les conflits. Aujourd'hui, le Ho'oponopono est une méthode individuelle que l'on pratique dans son quotidien.

> Quand vous vous retrouvez face à une situation qui déclenche du stress ou que vous entrez en conflit avec certaines personnes, cela signifie que des mémoires ou valeurs anciennes ont été réveillées. Les émotions difficiles et désagréables que vous vivez en sont la preuve.

Votre façon de voir les événements vous appartient. L'autre a sa propre vision de l'existence et réagit d'une façon différente face aux mêmes circonstances. Il s'agit d'une donnée importante à intégrer. Vous avez vos propres valeurs ou mémoires, comme «travailler dur pour réussir» ou «l'argent ne fait pas le bonheur». Lorsque la vie vous met sur le chemin de personnes qui n'ont pas ces valeurs, vous pouvez sentir une discordance, et des émotions conflictuelles peuvent surgir quand une situation particulière se présente.

Vous ne pouvez changer la situation ou la personne. Ce que vous pouvez transformer, c'est votre réaction face à cet événement.

Il s'agit bien de cela : changer votre perception, votre vision de la vie.

Pourquoi est-ce à vous de faire ce travail et pas à l'autre ? Pour deux raisons qui, je le souhaite, vous donneront envie d'entrer dans cette pratique.

La première raison est que l'émotion négative – comme la colère, la frustration, la déception ou la tristesse – que vous ressentez, c'est vous qui la vivez. Elle représente une mémoire qui vous paralyse chaque fois qu'un certain type de personne ou d'événement surgit dans votre existence. Face à ce genre de situation, systématiquement, vous perdez vos moyens, vous êtes désespéré, déçu, ou vous vous sentez injustement traité.

Ces émotions vous bloquent régulièrement dans la réalisation de vos projets personnels ou professionnels.

La deuxième raison est qu'il est impossible de revenir en arrière. Ce qui est fait est fait. Vous ne pouvez changer l'autre non plus. On a tous essayé, le résultat est toujours le même : une grande perte d'énergie. Avec Ho'oponopono, vous apprenez à intégrer les événements pour ce qu'ils sont : des étapes, des expériences – en vous donnant le temps de les digérer. Ensuite, une fois que le calme se met en place en vous, vous pouvez passer à l'action et résoudre le problème.

Dans la pratique, comment utiliser le Ho'oponopono

Vous recevez une mauvaise nouvelle, vous avez une dispute avec un proche, vous êtes déçu par le comportement d'un collègue… Avant d'agir ou de répondre, récitez en vous, dans votre silence intérieur, la formule **« désolé, pardon, merci, je t'aime »** plusieurs fois. Laissez ces mots s'imprégner dans votre esprit en répétant en vous, en silence, ces quatre mots de sagesse. Par cette boucle répétitive, votre mental décroche, et vous prenez du recul sur vos émotions et sur la situation. Peut-être qu'il vous faudra réciter la formule 4 ou 5 fois, peut-être plus, c'est vous qui décidez. Je cesse de répéter le mantra lorsque je me sens plus calme ou moins confuse.

La magie opère rapidement.

> Dès que vous mettez ces quatre mots en boucle à l'intérieur alors que tout va mal à l'extérieur, ce n'est plus votre mental qui prend le dessus.

Votre mental n'est plus en train de vous rabâcher des phrases du genre *« Il ne changera jamais », « Qu'est-ce que j'ai fait pour mériter ça»* ou encore *«Je suis trop nulle»*. Avec Ho'oponopono, vous faites taire le mental et vous libérez de l'espace pour que s'exprime librement votre intuition – ou le «Moi profond», comme j'aime l'appeler.

Comment ça marche ?

Ho'oponopono permet d'éliminer des mémoires devenues «limitantes» pour votre vie actuelle. C'est un processus libérateur qui permet de sortir de la souffrance.

Chacun d'entre nous dispose de ce que l'on nomme des valeurs. Elles sont même les fondements de votre existence. Vous avez intégré ces valeurs durant l'enfance en observant et en écoutant les adultes qui vous entouraient. Ces petites phrases du genre «Il faut souffrir pour être belle» ou «L'argent ne fait pas le bonheur» peuvent représenter les bases de vos valeurs. Elles sont issues de la mémoire collective, familiale ou culturelle, et vous en avez fait vos vérités.

Seulement, ces mémoires que vous conservez précieusement vont un jour devenir obsolètes. L'exemple que j'aime citer pour que vous puissiez mieux comprendre est celui-ci :

Enfant, mes parents me disaient de «ne pas parler aux inconnus». Cette phrase, cette mémoire, je l'ai intégrée et elle a permis de me protéger. J'ai grandi avec, j'en ai fait une de mes valeurs. Un jour, après l'écriture de mon premier ouvrage, j'ai été sollicitée pour donner une conférence. J'ai refusé cette proposition. Le malaise que j'ai ressenti après avoir répondu «non» à cette demande m'a amenée à lancer la formule Ho'oponopono. J'ai récité en boucle « Désolée, pardon, merci, je t'aime » en pensant à la frustration que je vivais. Deux jours plus tard, je téléphonai à la personne et lui donnai mon accord pour la conférence... pour parler à des tas d'inconnus.

Je n'avais pas conscience de la mémoire réveillée. Je savais que quelque chose me dérangeait et me limitait dans mes actions. Je n'avais aucune idée de ce que cela pouvait être. Ce dont j'étais sûre, c'est que j'étais mal à l'aise. En récitant en boucle, dans mon silence intérieur, Ho'oponopono, je me suis dégagée des films polluants de mon mental sans avoir besoin d'en connaître l'origine. C'est un des points forts de cette méthode, une libération immédiate sans solliciter les méandres du mental. L'autre atout du Ho'oponopono est que vous avez simplement à suivre vos émotions pour vous dégager de ces mémoires devenues obsolètes. Vous souffrez, vous ressentez un mal-être, c'est le signal pour déclencher les quatre mots de sagesse.

Quel est l'objectif du Ho'oponopono ?

Éliminer des mémoires devenues « limitantes » permet de faire de la place en soi. C'est pour cela que l'on parle de « nettoyage ». À partir de l'espace de paix que vous créez à l'intérieur de vous, vous allez découvrir les messages de votre intuition, vous allez recevoir des solutions que votre mental n'aurait pu trouver sous l'emprise des émotions. Votre responsabilité est de retrouver l'harmonie en vous, sans chercher à changer l'autre, et de trouver vos solutions à partir de vous, loin des peurs du mental.

Ho'oponopono signifie « se réaligner de l'intérieur ». En pratiquant le nettoyage des mémoires qui ne vous conviennent plus, vous retrouvez votre alignement. Vous vous reconnectez à votre Moi profond.

Grâce aux explications que je viens de vous donner sur Ho'oponopono, vous pouvez dès maintenant tester l'efficacité de la méthode. Au lecteur qui souhaite en savoir plus, je l'invite à consulter les ouvrages que j'ai écrits sur le sujet, et dont vous trouverez la liste à la fin de ce livre. J'y ai abordé le Ho'oponopono sous des angles différents pour que chacun puisse trouver l'option qui lui correspond le mieux.

Que ce soit par la méditation, le Ho'oponopono ou toute autre méthode, l'essentiel est de vous relier à votre intuition. N'oubliez pas que celle-ci se trouve dans un espace de paix situé à l'intérieur de vous. Celui qui vous dit le contraire, c'est votre mental.

Chapitre 1 :
Le bon sens chez vous

Ce que vous pouvez retenir

- Les émotions ne vous appartiennent pas. La colère, la dépression, la rancœur… ces émotions arrivent dans votre existence pour ensuite disparaître.
- Tant que vous êtes dans le refus ou le déni de vos émotions, la souffrance devient intolérable, et vos actions au quotidien s'en ressentent.
- Franchir un obstacle est possible si on le reconnaît, si on accepte que ce concept est une vision personnelle et que ce n'est peut-être pas la vérité.
- Se poser cette question et y répondre : « Qu'est-ce que je souhaite faire de ma vie ? »
- Le bon sens consiste à trouver la direction que vous voulez donner à votre existence.
- En regardant où vous êtes, vous faites le constat de ce que vous avez réalisé et de ce que vous avez à améliorer.
- Il y a une véritable symbiose entre votre habitat et l'état d'esprit dans lequel vous vous trouvez.
- Vous pouvez savoir exactement où vous vous trouvez en observant votre intérieur.

- Il est essentiel de commencer par regarder ce que vous avez mis en place dans votre propre existence.
- Ce que vous avez à l'intérieur s'affiche dans votre lieu de vie. Ce qui existe autour de vous influence votre attitude.
- L'intuition est un don qui vient de votre intérieur. Elle est cachée sous les peurs et les exigences du mental.
- L'instinct n'a rien à voir avec l'intuition.
- Le Ho'oponopono est un art ancestral qui vient de Hawaï et permet de résoudre les conflits.
- Vous ne pouvez changer la situation ou la personne. Ce que vous pouvez transformer, c'est votre réaction face à cet événement.
- Récitez la formule « désolé, pardon, merci, je t'aime » plusieurs fois en silence et en vous.
- Avec Ho'oponopono, vous faites taire le mental et libérez de l'espace pour que s'exprime librement votre intuition.

2

Montre-moi ta maison, je te dirai où tu en es

Lorsque je me suis intéressée de plus près au feng shui, j'étais dans une période où le désir de changement était très fort. La nouvelle famille que je formais à ce moment-là n'était pas précisément heureuse. Il fallut prendre des décisions, faire de nouveaux choix et aller de l'avant. La maison dans laquelle nous vivions avait été choisie pour héberger une famille recomposée, mais les événements nous ont amenés à revoir nos objectifs.

C'est auprès d'un maître feng shui de Taïwan que j'ai suivi ma principale formation, afin de mieux comprendre l'interaction entre le lieu de vie et les habitants. Après les cours, munie de ma boussole chinoise, j'arpentais l'immense maison que nous habitions à cette époque.

Les points cardinaux servent de repères aux experts Feng Shui pour définir l'orientation et l'emplacement de l'habitation à étudier. Contrairement à la boussole classique, le Luo Pan (ou boussole chinoise) a plusieurs particularités, comme celle de prendre le sud comme point de référence. Elle est également composée des graduations classiques en degrés, sur lesquelles vont se superposer des symboles représentant les point énergétiques cosmiques et telluriques. Cette boussole permet de prendre des mesures précises quant au type d'énergie qui circule. Il existe deux types de boussoles chinoises, San He et San Yuan, l'une est utilisée à l'intérieur des habitations et l'autre à l'extérieur.

Après avoir tenté de définir l'orientation et l'emplacement de ma maison, mon premier constat fut celui-ci : il est difficile de regarder objectivement sa propre habitation. Avec l'homme qui partageait ma vie, nous avions mis nos espoirs et nos rêves dans ce lieu, et nous y vivions des moments douloureux. Je mis la boussole de côté et j'observai.

C'était une immense maison de maître, s'élevant sur deux niveaux en plus du rez-de-chaussée. Elle s'étendait sur une grande longueur, de chaque côté d'un escalier séparant symboliquement la maison en deux. Ce détail aurait dû m'alerter dès le début, mais lorsque nous avons emménagé, je n'avais pas encore ce regard. Une famille recomposée qui s'installe dans un lieu où l'escalier divise en deux parties la maison est le signe que l'harmonie sera difficile à mettre en place. Les chambres étaient très éloignées les unes des autres et si grandes qu'il était difficile de leur donner un aspect cocon. Chacun se sentait perdu dans cet espace, il y régnait une certaine élégance, mais aussi de l'austérité. Avec le recul, je peux faire ce constat, mais sur le moment, ce n'était absolument pas évident à admettre. J'étais tellement heureuse de vivre dans un endroit empreint de noblesse, où les meubles et bibelots anciens étaient mis en valeur.

Chacun d'entre nous projette dans son environnement les éléments qui lui semblent cohérents avec sa vision de la famille. Le choix de la maison et de son aménagement en découle. Ensuite, il est facile de se dire que c'est à cause des autres ou du lieu que cela n'a pas fonctionné. La réalité est peut-être un peu différente.

Les meubles de famille, autant que la vaisselle ancienne, représentaient un passé que mon époux tentait de retrouver. Tous deux, nous étions éloignés du présent et de nos véritables aspirations.

Lorsque vous tentez de recréer une expérience passée, cela finit par sonner faux au présent.

Le mental prend le dessus en choisissant le type de mobilier et de maison, et vous n'écoutez plus votre intuition vous susurrer que ce n'est plus d'actualité. Même si cela ne correspondait pas à mon propre passé, je tentais de mettre en place dans ce lieu un rôle que je voulais jouer et qui était loin de ma personnalité. Comme il est difficile d'admettre que vous voulez être quelqu'un d'autre, rien de tel que la lecture de votre maison ou de votre appartement pour détecter ce comportement.

Vous choisissez une maison en vous disant que, dans ce lieu, chacun aura sa place, que vous pourrez vivre une vie de famille ou amorcer une vie de couple plus harmonieuse. Puis les événements vous rattrapent, les discordes et les conflits se multiplient. *« Pourtant, on a fait tout ce qu'il fallait »,* vous dit le mental. Peut-être avez-vous agi selon vos mémoires du passé, par fidélité familiale, pour obtenir une reconnaissance ou pour réparer une erreur. Une action faite sous l'emprise du devoir du mental au lieu du savoir du cœur.

Heureusement, tout ce qui a été fait peut être défait.

Les maisons à divorce

Retournons tout d'abord dans le monde du feng shui. Il semblerait qu'il y ait des lieux plus propices au divorce que d'autres. Certains experts mettent en cause la présence de la piscine.

Dans la tradition géomancienne, la présence des cinq éléments (eau, terre, métal, bois, feu) doit être équilibrée. La piscine représente l'élément eau en excès, et, si elle est mal située – c'est-à-dire trop proche de la maison et visible de la chambre à coucher –, elle peut créer un déséquilibre.

Mais cela suffit-il à provoquer la séparation d'un couple ?

Je connais des maisons sans piscine, ainsi que des appartements où les couples qui se succèdent finissent par se séparer rapidement. J'ai eu d'ailleurs l'occasion d'expertiser ces lieux. Leur point commun était la disposition intérieure qui séparait la maison en deux parties. Je ne parle pas de division entre l'espace nuit et le salon. Il s'agit de maisons ou d'appartements qui peuvent être séparés et former deux habitations ou plus.

Je me suis alors posé une autre question. Est-ce que les couples qui s'installent dans ces maisons ne sont pas déjà enclins à la séparation ? N'y a-t-il pas une action inconsciente de la part de ces personnes qui emménagent dans ces lieux ? De plus, je me suis rendu compte en les interrogeant qu'elles avaient fait ce choix un peu à contrecœur ou pour satisfaire l'autre. Quand un couple se retrouve dans une maison qui ne lui convient qu'à moitié et qui peut être facilement réaménagée pour devenir deux habitations, l'action est plus que symbolique.

Ce que je souhaite vous amener à comprendre, c'est que votre maison n'est pas responsable de tous vos malheurs. Elle est un révélateur.

Pour revenir à la villa avec piscine, j'ajouterai que l'eau est un élément stagnant et qu'elle représente les émotions. Toute cette eau présente dans un espace restreint peut effectivement amener les habitants à vivre des difficultés émotionnelles. Mais cela ne se déclenchera pas en une journée ou en un mois. Il faudra du temps pour en voir l'impact.

J'ai observé des personnes vivant dans une habitation de ce genre. La maison avait été construite d'après leurs souhaits et, rien qu'en regardant le plan, je pouvais déjà lire les difficultés à venir. La piscine était visible dès l'entrée de la maison et de n'importe où que l'on se trouvait – on ne voyait qu'elle à l'extérieur. L'impact sur l'inconscient est fort, surtout quand il y a répétition au quotidien.

L'expression «tomber à l'eau» a pris ici tout son sens. En effet, en moins de deux ans, les soucis financiers et de santé se sont accumulés jusqu'à amener ces personnes au surendettement. Mais, là encore, cette villa n'a pas été le déclencheur mais un révélateur. Les dettes étaient antérieures à la construction de la maison, et comme je le mentionnais plus haut, le plan de celle-ci révélait les problèmes en cours et ceux à venir.

Devenez l'observateur bienveillant de votre maison ou de votre appartement. De cette manière, vous pourrez prendre la mesure de ce que vous êtes venu vivre dans ce lieu, et être davantage conscient de votre existence.

Il s'agit de reprendre la main sur elle. De cette manière, vous pourrez accéder au bien-être dans l'endroit même où la souffrance et la joie s'entremêlent au quotidien.

Le nid de vos émotions

Pourquoi est-il difficile de «lire» sur les murs de sa propre maison ? Parce que, dans ce lieu, vous avez ri, pleuré et rêvé. Toutes vos émotions ont résonné dans cet espace. Les murs se sont imprégnés des drames et des joies. Ils ont pris l'énergie émise par les habitants et continuent d'y faire écho. Quand vous circulez dans votre salon, vous ne vous déplacez pas seulement dans une pièce, vous vous déplacez dans votre propre intérieur. Tout ce qui apparaît autour de vous est familier, parce qu'il émane de vous. Même dans une famille nombreuse, l'empreinte des parents domine. Les jouets des enfants qui jonchent le tapis et le canapé sont des rappels de votre statut en tant que parent et, surtout, de votre souhait « inconscient » de le mettre avant.

« Il n'y a pas de bonnes ou de mauvaises maisons, il y a la maison que l'on mérite », nous disait le maître feng shui. Je dois admettre que cette phrase m'a agacée, la première fois que je l'ai entendue. L'interprétation que j'en donnais m'amenait à penser que tout ce que j'avais vécu dans mon premier appartement était une sorte de châtiment. Le sentiment d'injustice était fort, et il me semblait ne pas mériter autant de difficultés. Heureusement, quelque temps plus tard, la véritable signification de cette phrase m'arriva.

Voici la compréhension que j'ai aujourd'hui de la phrase « on a la maison que l'on mérite » et que je vous fais partager. Tout ce qui a été mis en place peut être transformé à condition de prendre conscience de cette responsabilité.

Ce que vous vivez dans votre habitation est de votre responsabilité. Tant que vous restez assis, soumis, vous amplifiez les drames et les problèmes, en estimant être une victime. Comme vous ne changez pas, alors rien ne change. Le marasme s'installe et les difficultés deviennent votre

quotidien. Votre responsabilité est de transformer votre comportement pour que les événements se transforment.

Ce que vous vivez dans votre maison ou appartement, que ce soit agréable ou désagréable, il est de votre responsabilité d'en faire quelque chose. Il est important d'accueillir les bons moments et de les vivre à plein, en sortant des craintes du lendemain, qui peuvent naître sous la forme de pensées telles que « le bonheur ne dure jamais ». Se concentrer sur ce qui arrive ici et maintenant, apprécier ce qui s'y déroule, permet d'établir un autre contact avec votre lieu de vie et les personnes qui partagent cet endroit. Quand vous recevez des proches que vous aimez, que les rires et la joie d'être ensemble résonnent dans votre salon, vous permettez à votre intérieur de s'imprégner d'une vibration joyeuse. Ce que vous ressentez rejaillit sur les murs de votre maison en prenant des formes variées. Soyez certain que ce que vous vivez en cet instant va laisser une empreinte. Lorsque vous vous dites que cela ne durera pas et que vous appréhendez l'avenir, cette attitude sera également visible dans votre habitation.

Quand les mauvaises nouvelles se succèdent, je prends le temps de regarder en moi, d'observer ces émotions désagréables qui m'étreignent et me font basculer dans la colère ou la tristesse. Je ne renie pas mes peurs, je les accueille. Ce qui arrive fait partie du mouvement de la vie. Il est incertain, parfois chaotique, mais il s'agit toujours de transformation. La souffrance que je vis est le résultat de ma non-acceptation de ce mouvement. Je souhaite le changement, mais j'y résiste lorsqu'il se présente, car je veux contrôler la manière dont il doit apparaître. Il est facile de devenir émotionnellement rigide en déployant toute son énergie à résister au changement.

Votre maison est le nid de vos émotions.

La rigueur de votre caractère peut prendre la forme de tableaux accrochés au mur, les uns à côté des autres, à distance égale et surmontés des bibelots posés de façon tout aussi rigoureuse. La souplesse de votre personnalité peut s'exprimer sur la dizaine de coussins qui se chevauchent de façon aléatoire sur le canapé moelleux et les fauteuils dépareillés. Votre maison respire votre état d'être. Qu'elle soit située dans un quartier en perdition ou dans la nouvelle région à la mode, vous avez choisi cet endroit en fonction de vos critères intérieurs.

Vous pouvez déménager, encore et encore, en gardant toujours la même ligne de conduite et vous retrouverez, encore et encore, les mêmes types de problèmes.

La maison que vous habitez correspond à votre vision de la vie. Elle fait écho à votre vie interne, et c'est pour cela que vous avez la maison que vous méritez. Inutile de fuir vers des terres plus vertes ; tant que vous transportez la noirceur de vos appréhensions, vous finirez par la répandre autour de vous en sélectionnant « inconsciemment » un espace où vous pourrez facilement la révéler.

Accepter pour avancer

La fatalité n'existe pas. Il s'agit plutôt du regard que vous portez sur votre condition. Tant que je me voyais comme une « mauvaise » personne, j'avais une existence difficile. Le jour où j'ai commencé à me regarder comme quelqu'un qui méritait le bonheur, tout a changé. J'ai regardé en moi, et j'ai compris que je n'aimais pas ce que j'étais devenue. La première étape fut d'accepter mes erreurs. Je ne parle pas de déni ou de culpabilité, mais d'accueillir la personne que j'avais été et qui avait fait de son mieux avec ses connaissances du moment.

Lire l'intérieur de sa maison demande un regard empli de compassion envers soi. Pourquoi ? Parce que, de cette manière, vous allez sortir du jugement. Plus vous êtes dans l'évaluation, plus vous vous éloignez des solutions. Si la punition permet de prendre conscience des difficultés, elle ne résout aucunement le problème. Penser que vous allez mieux vous en sortir en continuant de vous culpabiliser est une punition. Ce faisant, vous ajoutez de la résistance au changement.

L'autre piège dans lequel chacun d'entre nous plonge régulièrement est celui-ci : « Ce que je fais est bien, ce sont les autres ou la vie qui doivent changer. »

Dans le feng shui traditionnel, accepter le changement est fondamental. *L'expert détermine la position des « étoiles volantes » pour définir le type d'énergie qui circule dans votre habitat. Muni d'un Luo Pan (la fameuse boussole chinoise qui permet de mesurer l'orientation et la position du lieu à étudier), l'expert détermine la position et l'orientation de votre habitat. Ensuite, il ajoute à son calcul la date d'entrée ou de construction du lieu de vie. La notion de temps est importante, voire essentielle, pour son expertise. Les étoiles « volent » en fonction des points cardinaux et également des années, des mois, des jours et des heures. L'expert feng shui peut définir, par exemple sur un mois, la qualité de l'énergie qui va baigner votre habitation et mettre en place un protocole pour que vos projets aboutissent et que les obstacles se dissipent. Cela demande une grande souplesse de la part des habitants que de suivre ses conseils. Les chefs d'entreprise asiatiques qui utilisent cet art traditionnel n'hésitent pas à procéder à des aménagements d'envergure pour que leur société prospère. Ils ont conscience du mouvement de l'Univers et du fait qu'il est inutile d'aller contre. Cette perspective leur donne l'opportunité d'avancer dans de meilleures conditions.*

Ce que je souhaite partager, c'est que tout change en permanence. Plus vous résistez à cette notion, plus vous souffrez. Plus vous intégrez ce mouvement, plus vous vous libérez des contraintes. L'énergie que vous dépensez à vouloir que les choses se stabilisent peut être utilisée à vous occuper de vous et de vos proches. Il ne s'agit pas de laisser faire, mais d'accompagner ce grand mouvement. Et cela commence par vous. Respectez-vous, regardez-vous comme une personne qui fait de son mieux et qui a envie de s'améliorer, c'est de cette manière que vous vous donnerez une chance de réussir.

Bouger les meubles, faire le tri ou repeindre les murs avec une énergie de bienveillance va donner une autre dimension à votre intérieur. Les murs vont résonner de compassion sur votre entourage et sur vous-même.

J'ai appris à être dans la vibration de paix, de joie ou de sérénité. Je l'ai intégré en utilisant le Ho'oponopono. Je me suis réconciliée avec ce que j'avais été et avec le mouvement de la vie ; c'est ainsi que mon existence s'est améliorée. Respectez ce que vous êtes ; votre puissance réside dans l'acceptation de ne pas avoir besoin de contrôler le monde, mais d'intégrer ce mouvement comme l'opportunité d'évoluer.

Plus vous résisterez à ce mouvement, plus vous souffrirez ; plus vous l'accepterez, mieux vous le comprendrez et l'utiliserez pour vous-même.

Observer pour équilibrer

Lorsque j'ai décidé de prendre ma vie en main, je me suis concentrée sur ce que je pouvais réaliser de concret et qui était à ma portée. De cette manière, les éléments négatifs ont perdu de leur impact, et l'intégralité de mon énergie a été utilisée pour m'aider à me sentir mieux. Je savais qu'il y avait des difficultés, mais je ne leur donnais plus la primeur. Voici une autre notion que le feng shui m'a révélée : votre maison, comme votre vie, recèle des zones négatives, mais aussi des zones positives.

L'expert feng shui effectue le relevé de ces différents secteurs pour aider à optimiser le lieu. Il renforce les zones positives et atténue ainsi les effets des zones négatives dites « néfastes ». Pour cela, il est nécessaire de comprendre ce qui se passe dans votre maison avant d'entreprendre les modifications pour la rééquilibrer.

Durant mes consultations, le calcul des étoiles volantes, que je décris plus haut, me permettait de visualiser les endroits de la maison que le feng shui considère comme néfastes et ceux qu'il désigne comme bénéfiques. Chaque fois, je constatais la même chose. Dans l'espace où l'énergie était «néfaste», des objets s'accumulaient, le désordre et la poussière étaient très présents. Les habitants ne prenaient pas soin de cette zone qu'ils fuyaient ou qu'ils cachaient sous un fatras d'objets en mauvais état.

Aujourd'hui, je n'ai pas besoin de boussole pour définir les secteurs qui posent problème. L'observation suffit. Examinez votre intérieur. Relevez les endroits où la tendance à l'accumulation d'objets divers est la plus forte. Je les appelle des «zones tampons»; ce sont les fameux secteurs où l'on pose des choses «en attendant de savoir qu'en faire».

Il est important de nettoyer ces espaces, car l'accumulation va amplifier le phénomène de stagnation. Une fois ces zones repérées, il n'est pas conseillé d'en faire un usage pour le repos ou le travail, mais de permettre la libre circulation en y mettant une touche rafraîchissante. Cet endroit doit être dégagé, sans pour autant prendre de l'importance. Vous pouvez continuer à vous en servir d'espace de stockage pour les livres, les DVD, les jeux et les collections en tout genre, après avoir effectué un tri de ce que vous souhaitez vraiment garder. Ou encore, vous en servir de cellier pour entreposer ce qui est utilisé de temps en temps, en ayant pris soin d'éliminer également tout ce qui ne sert plus. Rien de pire pour amplifier le mal-être dans la maison que d'occuper un endroit négatif avec des objets qui ne bougeront plus.

L'autre élément important est de renforcer l'espace « bénéfique » en agrémentant celui-ci. Votre salon, votre chambre, votre bureau sont des espaces de ressourcement et, en les rendant plus agréables à vivre, vous aller contribuer à diminuer l'effet des zones « néfastes ». Elles existeront toujours, mais leur impact sera moindre et disparaîtra sous le flot de bien-être qui sera mis en circulation. Je vous invite donc à mettre en valeur votre salon en lui donnant une touche plus *cocoon* si vous le trouvez trop froid, ou plus aérée si vous vous y sentez à l'étroit. Fiez-vous à votre ressenti : dès que les mots « trop » ou « pas assez » apparaissent dans votre esprit lorsque vous observez votre intérieur, nettoyez, aérez, ajustez et observez de nouveau. Je reviendrai plus longuement sur ce sujet un peu plus loin dans ce livre.

J'aimerais vous faire prendre conscience de l'importance de cette étape d'observation. Certains ont sans doute envie de passer rapidement ce chapitre pour aller directement regarder comment éliminer ce qui ne va pas, mais ce serait dommage, car vous ne régleriez que la moitié du problème. Votre habitat, comme la vie, est composé de noirceur et de lumière, de bons et de mauvais moments, et les uns ne pourraient exister sans les autres. Il n'y a pas d'existence complètement noire, il y a des passages terribles qui alternent avec des instants plus légers. Se concentrer sur le côté obscur de votre vie ne fait que le nourrir. C'est comme se dire à longueur de temps que tout va mal depuis que vous êtes dans cette maison, ou qu'il est impossible d'arranger cet appartement. Cela va rendre ce lieu de plus en plus difficile à vivre.

Quand je regarde le ciel devenir bleu azur, un après-midi d'hiver, cela m'aide à accepter le froid intense. Je sais que la température est très basse et que je ne peux pas la changer. Ce que je peux faire, c'est m'habiller plus chaudement en appréciant la lumière qui baigne cette journée. L'acceptation de la présence du froid intense me permet de prendre les mesures nécessaires pour ne pas geler. Si je résiste à cette évidence en continuant de m'habiller comme en été, je vais prendre froid et certainement tomber malade. Accepter que cela soit difficile permet d'ajuster son attitude pour se sentir bien. Il s'agit bien de cela : l'acceptation. La plupart d'entre nous réagissons aux difficultés comme si nous étions les cibles favorites de la vie. Cela entraîne un fort sentiment d'injustice et la tendance à devenir des victimes.

Accepter que votre maison puisse comporter des zones négatives et positives permet de parer au déséquilibre en intervenant efficacement.

Vous pouvez prendre peur et vous dire que c'est fichu, rester coincé sur votre canapé et confirmer, par votre inaction, le problème. Vous pouvez aussi vous dire qu'en prenant conscience de cette réalité, il est plus facile de comprendre les problèmes qui vous arrivent et d'ajuster votre attitude pour changer radicalement l'atmosphère de votre vie. C'est vous qui décidez de votre comportement.

Observer votre intérieur, que ce soit votre maison ou votre façon de réagir devant les événements, est le premier pas vers la transformation. La compréhension de votre comportement, de la manière dont circule l'énergie d'un lieu et de ce que cela représente, permet de sortir du jugement pour rétablir l'équilibre. Tant que vous restez dans la critique, vous stagnez et amplifiez l'inertie de votre existence.

Je trie, donc je suis

Pour rééquilibrer votre maison, il est essentiel de repérer les zones de stagnation et d'y faire le ménage. Certains d'entre vous auront plus de facilité que d'autres pour entrer dans cette dynamique. Cependant, nous avons tous des placards, des caves, des buanderies ou des coins de pièces où s'empilent les affaires que l'on pose en se disant qu'un jour on aura le courage de les trier. Accumuler est un acte de votre inconscient. Vous exprimez votre peur de manquer. Vous ne pouvez jeter ce qui vous a servi, vous ne pouvez le donner, car vous auriez l'impression de perdre quelque chose qui a eu de la valeur à vos yeux. Ces objets représentent votre passé. Vous ne vous en servez plus, car vous avez évolué. Votre vie d'hier ne ressemble plus à votre vie d'aujourd'hui. Vos priorités ont changé.

L'espace que vous allez créer en triant, donnant, vendant ou jetant ces objets va vous permettre d'accueillir vos nouvelles priorités.

Le tri est une action salvatrice. Par cette action physique, vous accomplissez votre propre sélection intérieure. Vous prenez conscience physiquement de vos nouvelles priorités et vous passez à l'action concrète de leur réalisation. C'est également un instant crucial où, en éliminant livres, bibelots, photos, outils, vaisselle, bijoux ou vêtements, vous faites vos adieux aux moments passés qui y sont associés.

Faire le tri consiste à jeter, donner ou vendre ces objets qui vous ont longtemps accompagné, et la séparation peut être pénible. L'impression de perte peut prendre le dessus. Certains évoquent même la sensation de devoir faire une sorte de deuil, celui de leur passé.

De la même manière, le déménagement peut s'avérer un moment très difficile. Quitter un endroit pour aller habiter dans un autre demande de lâcher son passé. Votre histoire fait partie des murs de cette maison que vous laissez derrière vous. La sensation d'une déchirure en soi peut surgir au moment de votre départ. Par ce trou béant va d'abord jaillir la souffrance. Inutile de la rejeter. Accueillez-la. Regardez à l'intérieur et vous découvrirez que, de ce « vide », sont en train de surgir de nouvelles opportunités et de nouvelles expériences. La peur de l'inconnu peut arriver, et vous ne pouvez regarder en face cette blessure. Alors, prenez le temps d'accueillir ce passage dans votre vie.

J'utilise le Ho'oponopono pour m'aider dans ces moments de changement. Dès que j'ai une sensation désagréable, un flot émotionnel qui me met mal à l'aise, je récite dans mon silence intérieur « Désolée, pardon, merci, je t'aime » pour me dégager de cette souffrance qui m'empêche d'accomplir ma tâche.

Que ce soit pour un déménagement ou pour me débarrasser de ce qui ne me sert plus, je commence par accueillir les tiraillements qui sont en moi et qui me font dire que ce serait bien de faire de la place en éliminant tout ce bazar, mais que j'ai peur de le regretter si je m'en débarrasse. La dualité qui surgit dans ces instants et qui me tire vers l'arrière – «je vais le regretter» – et vers l'avant – «je veux faire de la place» – crée un mouvement de balancier. Un coup vers l'avant, un coup vers l'arrière, une fois dans le passé, une fois vers le futur… et, aujourd'hui, je ne fais rien d'autre qu'avoir peur.

C'est sur cette peur que je pratique le Ho'oponopono. Avec la formule «Désolé, pardon, merci, je t'aime» que je lance en boucle tel un mantra à l'intérieur de moi, je m'autorise à vivre cette émotion pour ensuite la transformer.

Il y a un élément important à intégrer dans la pratique du Ho'oponopono. Le refrain que vous mettez en place va couper le film du mental et vous permettre d'accueillir ce qui arrive en vous. L'acceptation de votre malaise est essentielle car c'est par là que vous allez entrer dans la transformation. Tant que vous résistez à ce qui vous arrive, vous résistez aussi à votre transformation. Je parle d'accepter vos émotions, et non la situation. Ce qui est fait est fait, on ne peut le modifier. Ce qui peut être transformé, c'est votre mal-être, votre douleur face à ce qui est arrivé. Pour cela, il est nécessaire de laisser la main à votre Moi profond, votre intuition. La solution la mieux adaptée va venir de lui et elle surgira quand vous aurez dégagé la route qui mène à cet espace. La formule du Ho'oponopono va balayer les peurs et les critiques du mental qui empêche d'y accéder.

La transformation se fait à partir de cet espace intérieur, sans savoir à l'avance ce qui va arriver. C'est à la fois simple et difficile à accomplir. Nous avons tellement d'attentes. Si elles ne se réalisent pas, la déception est très forte, ajoutant encore plus de malaise à notre existence. Alors n'attendez plus, n'attendez rien, nettoyez en vous jusqu'à ce que vous puissiez reprendre vos actions du quotidien et, ensuite, observez ce qui se passe. Profitez de la paix qui peut émaner à cet instant. Écoutez votre silence intérieur. Votre esprit se dégage. Vous êtes prêt à recevoir l'inspiration et à accueillir les solutions, vous êtes aligné.

Pas à pas

,J'ai rencontré des personnes qui voulaient se défaire rapidement de toutes ces affaires accumulées. Le sentiment d'urgence grandissait en elles sans pour autant les amener à passer à l'action. Désemparées, désespérées, elles étaient à la fois furieuses et tristes de ne pas avancer. J'ai retenu, des discussions que j'ai eues avec ces personnes, un fort sentiment de culpabilité, surtout dans le fait d'exposer ce désordre à la vue de tous. Pour elles, cela ne représentait pas du tout ce qu'elles avaient à l'intérieur. « Je suis mieux que ça », « Ce n'est pas moi », sans compter les : « C'est parce que je ne vis pas seul dans cette maison. »

Cette dernière excuse est la plus utilisée, même chez les célibataires qui expliquent que c'est à cause de l'absence de famille qu'ils se retrouvent à avoir toutes ces choses héritées, chinées, accumulées au gré des années. En clair, le fait de reporter la faute sur l'autre n'est pas la meilleure façon de procéder pour changer cette situation. Elle peut même justifier votre inaction.

Posez-vous ces questions :

Qu'éveille en vous le fait de vous débarrasser de ce bazar ?

- Des regrets
- De la honte
- De la lassitude
- De l'excitation
- De la joie

Quelle émotion survient lorsque vous regardez toutes ces choses que vous souhaitez éliminer de chez vous ?

- De la peur
- De la colère
- De la frustration
- De la tristesse
- De la détermination

Imaginez votre habitation débarrassée de toutes ces choses. Comment vous sentez-vous ?

- Agacé
- Perdu
- Vide
- Dynamisé
- Calme

Tant que les émotions de vide, de tristesse, de regret, de honte ou d'agacement sont présentes dans vos réponses, cela signifie que vous êtes dans le doute et dans l'incapacité de vous défaire d'éléments que vous estimez inutiles à votre existence d'aujourd'hui. Une dualité intérieure qui demande un peu d'introspection... Vous avez envie de vous en débarrasser, leur présence vous fait même du mal. Il se peut que ce soit la crainte de souffrir plus encore de leur absence qui vous paralyse.

Je passe régulièrement par ces états de déchirement intérieur lorsque je procède au ménage de printemps dans mes placards. C'est plus ou moins fort selon que cela concerne des vêtements qui me renvoient à un changement de poids, ou des livres que je n'ouvre plus depuis des années mais qui conservent une valeur sentimentale. Cela peut aussi arriver dans le cas d'un déménagement, quand vous prenez conscience que vous ne pouvez pas tout emporter. Décider qu'il est temps de faire de la place en laissant derrière soi des éléments qui représentent des instants très forts peut réveiller des peurs inattendues.

Mes solutions d'intérieurs

Lorsque je décide de vider mes placards, j'écoute ce qui se passe en moi. Par cette action, je libère mon esprit autant que mes étagères d'un passé révolu qui m'a permis de me construire. En cela, je me sens très reconnaissante. Se focaliser sur l'aspect positif de mon histoire me permet de la regarder plus sereinement. Ces moments ne sont plus, il est temps de faire de la place pour la nouveauté.

Pour les livres, j'ai trouvé ma solution. Si je dois acheter une nouvelle bibliothèque ou installer une autre étagère pour mes nouvelles acquisitions, cela signifie que je dois avant tout éliminer les livres qui n'ont plus d'intérêt.

J'ai longtemps considéré comme un sacrilège le fait de se débarrasser des œuvres que de talentueux écrivains avaient mises au monde, jusqu'au jour où je pris conscience que je ne mettais pas à la poubelle leur création, car elle serait toujours présente quelque part dans une bibliothèque. Enlever les livres que je ne lisais plus consiste plutôt à leur donner une seconde vie. Ils allaient être lus par d'autres que moi, et c'est bien l'usage qui est réservé à un livre. Ils ne sont pas destinés à camper éternellement sur une étagère dans la poussière des ans. Cela m'a paru encore plus évident lorsque j'ai commencé à publier mes propres livres. Ces pages que vous lisez, je les ai écrites pour apporter un autre éclairage au lecteur que vous êtes, que ce soit sur votre existence ou sur la vie en général. Ces mots sont destinés à vous faire réfléchir. Ils ne sont pas une finalité. Ils sont une porte ouverte. Alors, garder ce livre fermé limite la dispersion des idées qui sont émises et, par voie de conséquence, bride l'inspiration qui peut en découler.

Un livre et les milliers d'exemplaires qui le représentent ont pour vocation de voyager éternellement. Sa forme sur papier n'est qu'une étape. Il va ensuite devenir une pensée, une réflexion pour le lecteur, qui va s'en inspirer et lui faire prendre une autre forme. Vos actions sont issues de vos réflexions, et ces dernières ont été, pour certaines, inspirées de lectures. Que ce soit un livre ou un article de journal, qu'il soit virtuel ou sur papier, cet écrit va insuffler une idée dans l'esprit du lecteur.

J'ai découvert le Ho'oponopono et le feng shui au travers de livres. Ils m'ont donné envie d'aller plus loin en mettant en place ce que j'avais compris de mes lectures. J'ai transformé mon quotidien, et cela a pris forme dans ma maison, ma carrière et ma vie personnelle. L'évolution de mon existence a pris naissance dans les pages de ces livres. Ils m'ont inspirée. Il me semble dommage de limiter cette expansion à ma seule existence. Alors, je partage et je donne à d'autres les ouvrages que je ne lis plus et qui m'ont aidée dans mon accomplissement.

Faire le tri de ses vêtements est également un exercice de style. Comme pour les livres, j'achète un nouveau manteau, un tee-shirt ou une paire de chaussures seulement si je désencombre mon dressing ou s'il y a la place nécessaire pour accueillir cet achat. Quoi qu'il arrive, je conserve le même nombre d'étagères et de cintres. Un cintre = un vêtement. Je préfère mettre la plupart de mes vêtements sur cintres, car il est plus facile de voir ce que j'ai à disposition. L'espace réservé aux vêtements est toujours le même, ni plus, ni moins. Les étagères les plus accessibles sont pour les vêtements de la saison en cours. En hauteur ou dans un endroit peu accessible au quotidien, je stocke ce que je mets aux autres moments de l'année.

Pourquoi limiter l'espace des vêtements ? Parce qu'investir dans un autre meuble pour stocker des affaires que je ne mettrai sûrement plus est une perte d'argent, de temps… et d'espace.

Je fais le tri avec cette phrase en tête :

« Tout ce qui ne m'a pas servi cette année ne me servira pas l'année prochaine. »

En effet, vous avez conservé un pantalon de l'hiver dernier que vous n'avez pas porté. Quelle qu'en soit la raison, il est clair que vous ne le porterez pas non plus l'hiver prochain. Faites le constat par vous-même. Combien de vêtements avez-vous conservés dans l'espoir de les porter à nouveau, et combien d'entre eux ont réellement repris leur fonction ? 1 sur 5, 1 sur 10, aucun ? Voilà votre espace encombré par une déclaration intérieure qui sonne comme « Je vais retrouver mon poids idéal » et qui résonne comme un échec poignant lorsque, chaque jour, vous ouvrez votre penderie. Libérez-vous des « au cas où » que votre mental programme et qui vous renvoient à la culpabilité.

Je fais le même constat avec tout autre objet de ma maison. Les fameux « trucs que l'on met là en attendant de les réparer, jeter ou de savoir ce que l'on en fait » ont un impact psychologique important sur le long terme.

Garder des machines cassées, de la vaisselle ébréchée, des draps troués, des tableaux abîmés, en vous faisant croire que vous allez les réparer, peut renforcer cette idée que « vous n'avez le temps de rien » ou que « vous n'êtes pas capable de vous y mettre ». Ces objets sont aussi le signe que vous avez l'impression que votre existence est composée de rêves brisés, d'amours déçues ou de projets échoués. Leur impact sur votre inconscient est aussi grand que la place prise dans votre maison.

Chapitre 2 :
Montre-moi ta maison, je te dirai où tu en es

Ce que vous pouvez retenir

- Chacun d'entre nous projette dans son environnement les éléments qui lui semblent cohérents avec sa vision de la famille.
- Votre maison n'est pas seule responsable de tous vos malheurs. Elle est un révélateur.
- Quand vous circulez dans votre salon, vous ne vous déplacez pas seulement dans une pièce, vous vous déplacez dans votre propre intérieur.
- Votre responsabilité est de transformer votre comportement pour que les événements se transforment.
- Soyez certain que ce que vous ressentez en cet instant va laisser une empreinte dans votre maison.
- Vous pouvez déménager en gardant toujours la même ligne de conduite, et vous retrouverez les mêmes types de problèmes.
- Bouger les meubles, faire le tri ou repeindre les murs avec une énergie de bienveillance va donner une autre dimension à votre intérieur.

- Examinez votre intérieur. Relevez les endroits où la tendance à l'accumulation de choses «en attendant de savoir qu'en faire» est la plus forte.
- Nettoyez pour éviter les stagnations.
- Renforcez l'espace «bénéfique» en agrémentant celui-ci.
- Accumuler est un acte de votre inconscient. Vous exprimez votre peur de manquer.
- Que ce soit pour un déménagement ou pour vous débarrasser de ce qui ne vous sert plus, commencez par accueillir les tiraillements qui sont en vous.
- Reporter la faute sur l'autre n'est pas la meilleure façon de procéder pour changer cette situation. Elle peut même justifier votre inaction.
- Lorsque vous décidez de vider vos placards, écoutez ce qui se passe en vous.
- Vous libérez votre esprit autant que vos étagères d'un passé révolu qui vous a permis de vous construire.
- Faites de la place à la nouveauté.
- Tout ce qui a été fait peut être défait.

3

Se re-connaître

Votre maison est le reflet de vos espoirs, de vos peurs et de vos envies. Un monde intérieur que vous pouvez examiner aisément, car il s'affiche chaque jour devant vous. Seulement, vous ne voyez pas forcément l'intégralité, vous distinguez une partie plus que les autres. Elle devient votre obsession et vous aimeriez tellement la changer, sinon l'impression de ne pas avancer est très forte. Effectivement, tant que vous êtes focalisé sur ce couloir trop sombre mais que vous n'avez pas le temps de repeindre, cette fenêtre qui ferme mal mais que vous ne savez pas réparer, cette cuisine qu'il faut changer mais qui vous demande trop d'argent, le sentiment d'impuissance grandit en vous. Revoir ses priorités est un moyen de vous sortir de cette émotion difficile qui vous paralyse. Cela commence par regarder en soi, chez soi, avec bienveillance.

Lorsque j'ai décidé de revoir ma vie et d'en faire quelque chose de plus positif, j'ai commencé par ce que j'avais sous la main : mon appartement. Je lui trouvais tous les défauts de la Terre, car il me mettait sous le nez toutes mes imperfections. Ma situation financière catastrophique se voyait dès que l'on entrait chez moi. Ma situation amoureuse était aussi désespérante que ma chambre à coucher. Et ma cuisine minuscule reflétait mon manque d'intérêt pour le bien-être et le bien-manger. Il fallait faire quelque chose, mais quoi ?

Pas de travail, pas d'argent, mais beaucoup de temps pour réfléchir à la meilleure façon de procéder. Pour une fois, je décidai de ne pas céder au pessimisme et de regarder le verre à moitié plein de mon existence. Je mis en place ce nouveau regard à ce moment précis pour apprécier le meilleur de la vie. La joie de vivre n'était pas naturelle chez moi, car je pensais que ma vie était uniquement composée de catastrophes. Il m'a fallu apprendre à être heureuse. C'est alors que j'ai commencé à tourner mon regard vers ce qui fonctionnait dans mon quotidien. L'impression d'avoir une existence désespérante était forte, mais c'était MON impression. Ce que j'avais réalisé jusqu'à présent avait donné des résultats très moyens. La logique était donc de changer ma façon de régler et d'aborder les problèmes. Il était temps de transformer mon attitude. Petit à petit, j'appris à avoir une vision optimiste de mon existence en sortant de la fatalité. Je n'étais plus une victime.

Aujourd'hui, j'utilise le Ho'oponopono. C'est simple et ça marche à chaque fois. Quand je me sens mal à l'aise, que l'impression d'échec est forte ou que le désespoir ou la frustration pointent leur nez dans mon quotidien, je lance la formule « désolé, pardon, merci, je t'aime » à l'intérieur de moi, en boucle et en silence. Ce faisant, je me déconnecte du mental et de sa façon de gérer les situations. Ma posture se transforme au gré de la récitation du mantra, le regard change, je m'ouvre à mon environnement au lieu de rester enfermée dans mes peurs. Ensuite, tout peut arriver. Un appel inattendu, un ami qui frappe à votre porte, un livre qui tombe de l'étagère, un message de votre collègue, cela peut prendre n'importe quelle forme. L'important est que, grâce à Ho'oponopono, vous considériez votre environnement différemment.

Le voile des peurs du mental se lève, vous regardez autour de vous avec le cœur.

Pour m'aider à revoir mon existence, il m'a fallu d'abord me réconcilier avec elle. Je l'ai fait en commençant par mon appartement. Il représentait ma vie du moment, chaotique et sans prétention. La nécessité de changer mon regard vint comme l'ultime moyen de m'en sortir. Après tout, j'avais un toit sur la tête, de quoi me doucher, dormir et m'abriter. Un luxe que ne partage pas un tiers des habitants de la planète. Rien que pour cela, je décidai de cesser les critiques envers mon appartement. Au lieu de le trouver triste, fermé, peu pratique et d'être obligée de m'en contenter car je n'avais pas les moyens de m'offrir mieux, je me mis à l'examiner. Comment pouvais-je l'améliorer ? Qu'est-ce que je pouvais changer pour le rendre plus agréable ?

À cette époque, il n'était pas question de changer le mobilier ou même de tout repeindre, car je n'en avais pas les moyens. Il me fallait agir autrement.

Je me suis mise à déambuler dans les pièces comme lorsque l'on découvre un lieu. À partir de la porte d'entrée, j'ai entrepris de circuler dans cet espace comme si j'y venais pour la première fois.

Je me suis vue en train de rentrer de ma journée de travail, de déposer mes affaires, celles de ma fille, pour ensuite aller me changer avant de préparer le repas. J'ai passé en revue mes actions du matin et celles du soir, celles que je faisais le week-end aussi. Chaque fois, je regardais l'intérieur des meubles et la façon dont je disposais les objets, les vêtements, et j'ai fait ce constat: la plupart du temps, ce dont je me servais au quotidien était difficile d'accès. Il y avait aussi des meubles qui me gênaient sur mon passage. L'habitude de les contourner était venue, mais au bout de quelques bleus sur les jambes.

En bref, je fis le constat que j'avais beaucoup d'obstacles à franchir pour accomplir des tâches quotidiennes. Il me devenait de plus en plus pénible de mettre mon linge dans la machine et de l'étendre, tout simplement parce que j'avais placé la machine à laver dans un espace peu accessible. Idem pour les tasses à café ou les manteaux.

Au fur et à mesure des années, j'avais agencé mon espace comme ma vie, sans prendre en compte mon confort et en m'obligeant à m'adapter toujours plus durement. J'avais agi ainsi en me disant que je n'avais pas le temps de faire autrement et que, de toute façon, je n'avais pas le choix.

L'art du rangement

Trier en jetant, donnant, vendant, est une chose. Décider de conserver en est une autre. Il est important de définir les meilleurs emplacements pour y avoir accès sans encombre.

Pour revenir aux livres, vous conservez ceux que vous voulez lire et relire. Évitez de les stocker à l'horizontale, c'est-à-dire couchés les uns sur les autres. Cela rend leur accès compliqué, surtout si vous voulez prendre celui qui est situé en dessous des quatre ou cinq autres. Au bout de quelque temps, d'autres livres viennent s'entasser sur la pile existante et il vous faut soulever dix ou quinze livres pour extraire celui qui vous intéresse. Et si en plus vous avez choisi de les entreposer sur l'étagère la plus haute de votre bibliothèque et que cela nécessite de monter sur une chaise pour l'atteindre, vous décidez rapidement de ne plus le relire – « après tout, je l'ai déjà lu » –, et c'est ainsi que s'entassent les livres que vous ne toucherez jamais plus.

Les livres se rangent à la verticale, en limitant le nombre de bibelots posés devant, sinon vous empêchez de nouveau leur accès. Vous pouvez les entreposer sur les étagères situées à votre hauteur. Quant à l'usage de l'étagère la plus haute et la moins accessible, vous pouvez profiter de cet espace pour y mettre les bibelots que vous avez décidé de conserver. Cela crée une harmonie entre les étagères basses qui sont remplies de livres et ancrent la base du meuble, et la légèreté qui règne sur la dernière étagère grâce aux quelques objets décoratifs qui y sont disposés. Ce meuble a toute sa place dans un couloir, un bureau ou un salon. Dans les autres pièces comme la chambre, je préfère éviter de stocker des livres qui transforment peu à peu ce lieu de repos en espace de travail ou en débarras. La chambre des enfants et adolescents peut supporter un petit meuble ou une étagère avec les livres favoris à portée de main pour les moments de détente.

Ranger demande de retrouver le bon sens, celui que nos arrière-grands-mères avaient pour conserver la vaisselle, les draps, les couvertures, les bibelots et autres objets qu'elles avaient reçus de leurs propres parents. Les supermarchés n'existaient pas et le recyclage était naturel. La moindre acquisition était précieuse, un achat ne se faisait que dans l'absolue nécessité, et la valeur du produit était liée à sa qualité, car il allait être transmis aux héritiers. C'est ainsi que chaque chose avait sa place, et qu'il y avait une place pour chaque chose.

Même dans l'ère du jetable, il est possible de retrouver de cette harmonie en permettant à chaque objet, meuble, vêtement, vaisselle, d'être rangé de la façon la plus pratique, tout en le préservant. Pour cela, il vous suffit de le mettre à votre portée. Par exemple, les assiettes de tous les jours peuvent être rangées près du lave-vaisselle et sur une étagère accessible par tous les membres de la famille. Dans certaines maisons, il faut sortir la vaisselle de la machine, la transporter de l'autre côté de la cuisine, voire de la salle à manger, en risquant chaque fois de casser une pièce. Cela crée des tensions inutiles entre les membres de la famille. Faites au plus simple.

Si la place vous manque dans les placards de la cuisine, faites du tri. Je suis sûre que vous gardez des ustensiles que vous n'utilisez jamais ou si peu qu'ils peuvent disparaître de chez vous. Peut-être connaissez-vous ce fameux placard qui, chaque fois que vous l'ouvrez, provoque une cascade de plastique ? Il s'agit du très célèbre placard à Tupperwares. Là encore, je suis persuadée qu'il y a une sélection à faire, avant de regarder comment il est possible de les ranger. Ils peuvent être entreposés dans un grand tiroir ou une caisse sans couvercle que vous pouvez saisir aisément d'une main. Faites pratique.

Que vous viviez dans un studio ou dans un 300 m^2, il est important de trouver vos propres solutions pour le rangement. Ne prenez pas en compte mes conseils sans avoir réfléchi à votre usage personnel. Je vous donne les grandes lignes en vous indiquant de faire au plus simple et au plus pratique. Cela varie en fonction de votre quotidien, de l'usage que vous faites de vos livres et de vos assiettes.

L'art du rangement passe d'abord par l'art de regarder son quotidien. Ensuite, libre à vous d'ajuster en fonction de vos besoins.

Regardez votre quotidien

Le plus difficile et le plus important à faire pour que votre habitation soit la mieux adaptée est de vous observer au quotidien. La plupart d'entre nous préfèrent se dire que cet appartement ne convient pas, qu'il est bruyant, trop petit, trop grand, trop sombre, trop chaud, trop humide ou qu'il faut envisager des travaux très onéreux pour pouvoir un jour se sentir bien dans ce lieu. Et en attendant, que se passe-t-il ? On souffre, on rumine, on peste et on s'éloigne du bonheur.

Pour être heureux dans votre maison, il faut d'abord comprendre ce qui vous est nécessaire au quotidien et le mettre à votre disposition. Mais cela consiste aussi à se libérer de ce qui ne vous convient plus et à laisser de la place au renouveau.

Faites le tour de votre maison comme si vous la découvriez pour la première fois. Prenez le temps de la regarder. Tout ce que vous avez vécu dans ce lieu a permis de vous construire. Il y eut des moments désagréables et d'autres agréables. Vous avez fait de votre mieux à chaque fois. Réservez quelques minutes à la découverte de votre intérieur. Marchez tranquillement dans les pièces de votre maison, observez les murs, les meubles, les objets posés.

Vous en aviez oublié quelques-uns. À force de passer devant chaque jour, ils se sont incrustés dans le décor de votre vie et ont perdu leur individualité. Ce phénomène est récurrent. Lorsque vous prenez votre voiture pour aller travailler et que vous répétez le même trajet tous les jours, vous perdez la notion des détails. Ils sont toujours présents dans votre inconscient, mais, dès que vous devez expliquer votre parcours à un tiers, vous n'arrivez plus à vous souvenir des noms des rues et des directions. L'habitude de voir se dérouler sous vos yeux le même décor met votre cerveau en veille, et vous ne prêtez plus attention aux détails. Le manque d'attention vous fait perdre la vigilance sur l'instant présent. Il faut qu'un événement « inhabituel » surgisse pour vous ramener ici et maintenant. La routine embarque vos pensées dans les méandres de votre cerveau, loin de ce qui se passe réellement. Telle est l'attitude que nous adoptons dans notre environnement quotidien. Il faut faire un effort pour revenir au présent et redécouvrir ce qui nous entoure.

Parce que même si certains meubles ou objets semblent disparaître de votre attention, ils sont bien présents physiquement et inconsciemment. Il est essentiel de redécouvrir votre intérieur en prenant conscience de l'impact de certains objets.

Est-ce que ce tableau vous plaît toujours autant ? Est-ce que ce meuble ou cet objet vous rappellent des mauvais souvenirs ? Est ce que vous êtes sûr de les garder pour de bonnes raisons ?

Apprenez à poser ce regard sur votre maison, comme si vous regardiez le devoir d'un enfant. Il y a des améliorations à apporter, mais l'important est de comprendre que tout a été fait avec vos moyens du moment en pensant faire au mieux.

Le bazar de la vie

Pendant deux ans, je suis entrée tous les jours dans une pièce encombrée par des meubles et des cartons stockés en attendant que le courage de m'en débarrasser arrive. Une année aurait dû suffire pour comprendre que je ne les utiliserais plus. Malgré mon envie de dégager cet espace, je n'arrivais pas à prendre de décision. Soit je garde et je m'en sers, et je range tout cela correctement, soit je m'en débarrasse et je passe à autre chose… définitivement. Impossible de faire ce choix. Je me suis alors observée. J'ai écouté mes doutes, mes excuses et mes peurs. Sans me juger. Chacun des éléments entreposés me ramenait vers le passé. Je ne devais pas l'avoir digéré, puisqu'un monticule issu de mon histoire stagnait dans ma nouvelle vie. J'ai regardé longuement cet amas. Je le remuais de temps en temps en sortant une ou deux reliques que je décidais de donner ou de jeter. Puis je remettais le tout dans le coin de la pièce.

Un jour, j'ai pris LA décision. J'ai trié, donné, jeté, et la pièce s'est trouvée entièrement dégagée. Cela m'a pris plusieurs semaines avant que cet espace se libère complètement. Je l'ai ensuite arrangé pour le transformer en un bureau fonctionnel. Aujourd'hui, je suis fière d'avoir accompli cette action, et étonnée du résultat. Mais que s'est-il passé ?

En tant que consultante feng shui, il semblerait normal d'avoir une autre attitude. Je sais que les éléments stagnants sont nuisibles au quotidien, j'ai vu les conséquences chez mes clients et dans ma vie passée. Mais ma connaissance et mon expérience en ce domaine n'ont pas suffi à me faire passer à l'action. Il m'a fallu regarder en moi et comprendre ce que représentait ce désordre.

Il y eut plusieurs étapes. Celle où l'on fait semblant de trier en mettant de côté 80 % du bazar avec l'étiquette « y réfléchir ». Celle où l'on se donne une date et, au moment de l'échéance, on plonge à corps perdu dans tout autre chose. Celle où l'on tombe malade et où l'on n'a plus la force de remuer tous ces cartons. Celle encore où la culpabilité de ne pas passer à l'action est tellement forte que cela vous paralyse encore plus et vous rend désagréable avec votre entourage.

Puis vint le moment de faire une véritable introspection en utilisant mon outil préféré : le Ho'oponopono. Dès que je me sentais mal à l'aise face à ce bazar, je lançais la formule « désolé, pardon, merci, je t'aime » en moi. Je l'ai répétée encore et encore, à chaque fois que je mettais les pieds dans cette pièce qui me servait de bureau. Je l'ai fait sur toutes les émotions ressenties : la colère de ne pas passer à l'action, la frustration de ne pas avoir le temps, la culpabilité de monopoliser un tel espace et la nostalgie de ce passé que j'essayais d'oublier.

Je me suis observée.

La résistance à ne pas réaliser une telle action était flagrante, et il m'a fallu beaucoup de tolérance et de compassion envers moi-même avant de commencer. Accepter sa défaillance avec respect ne signifie pas abandonner ou ne pas se remettre en question. Au contraire, vous avez tout intérêt à sortir de l'autoflagellation ou de l'abattement si vous voulez un vrai résultat.

J'avais peur de laisser partir ce passé, c'était évident. Grâce à la bienveillance que je décidai de m'accorder, je compris qu'il y avait beaucoup de choses que je n'avais pas réglées. M'accrocher à ce matériel était une façon de me rappeler que je devais d'abord faire le point et ensuite faire la paix avec ce qui était arrivé. J'ai alors continué mon nettoyage intérieur avec Ho'oponopono, jusqu'à ce qu'une idée lumineuse surgisse. Elle arriva un après-midi alors que je marchais dans les rues de ma ville : « Je dois me faire aider par un psychologue. » Je décidai de trouver un thérapeute et, juste après la première séance, j'entrepris l'autre grand nettoyage : celui de mon bureau.

Nettoyer en moi avec Ho'oponopono m'a permis de me dégager de ma longue liste de doutes et de peurs, jusqu'à découvrir cette évidence : aller voir une personne compétente pour m'aider à faire le tri… dans ma tête. Cette première séance m'a donné un point de départ et la confirmation que j'avais mis en route une procédure pour me libérer et me dégager d'événements du passé. Je n'avais plus besoin de cet amas matériel pour m'en souvenir.

La cerise sur le gâteau fut la définition de mon objectif. Se dégager, c'est bien, mais pour aller où ?

La résistance au changement vient souvent de ce manque de direction. Se transformer, mais pour quoi faire et pour aller vers quoi ?

Tant que vous ne donnez pas de réponse claire à cette question, la procrastination s'empare de vous. Parce qu'il y a le « quoi » – vers où aller –, et aussi le « quand » – à quelle date je souhaite démarrer. Répondre à ces deux questions m'a permis de passer à l'action. Ensuite, dès qu'un doute arrivait, je nettoyais en moi. Dès que je me jugeais trop lente ou pas assez active, je nettoyais. Dès que je m'impatientais ou que je commençais à paniquer : « désolé, pardon, merci, je t'aime » en boucle dans mon silence intérieur pour apaiser mon mental et laisser mon cœur prendre ma vie en main.

Une fois l'élan mis en place, j'ai continué le nettoyage en déblayant ma cave des cartons accumulés depuis des années. J'avais défini mon objectif et il était aussi clair que mon bureau et ma cave. Moins de 24 heures plus tard, je reçus 2 propositions pour aller donner des conférences et séminaires dans des endroits où je rêvais de me rendre. J'avais déblayé de ma maison et de ma tête le chemin qui permettait à mes aspirations de prendre place. J'étais à la fois étonnée et joyeuse du résultat… que je n'attendais pas.

Il y a un grand intérêt à faire le tri et à désencombrer sa maison, mais encore faut-il comprendre l'origine de ce comportement. Vous pouvez commencer à faire le tri puis trouver toutes les raisons du monde pour ne pas continuer. Pire encore : vous arrivez à faire le vide dans votre placard mais, au bout de trois semaines, le bazar s'installe de nouveau dans cet espace. Parce que vous avez traité le symptôme et non la cause du comportement.

La maison est le miroir de vos peurs profondes. Inutile de chercher à cacher les problèmes, ils ressurgiront à un moment ou à un autre. Cessez de vous juger et acceptez cette part sombre qui siège en vous pour mieux la transformer. Vous vous apercevrez rapidement qu'il n'y a pas de noirceur, mais plutôt des peurs qui vous tenaillent et vous empêchent d'agir. Il en va ainsi pour chacun d'entre nous. À certains moments de notre existence, nous passons tous, sans exception, par ces phases d'accumulation. Cela peut prendre toutes les formes : une collection de BD ou de théières, une cave remplie d'objets à réparer, un grenier plein de souvenirs de famille, un garage où s'entreposent depuis des années des vélos, des motos et des voitures que l'on n'utilise plus. L'humain du XXIe siècle accumule par peur et par habitude, mais aussi parce que cela lui procure un sentiment de réconfort.

Oui, mais les autres ?

La maison est le miroir de vos envies, de vos rêves, de vos peurs et de vos déceptions. En choisissant de regarder ainsi votre intérieur, vous commencez à comprendre ce que vous avez besoin de changer en vous. Seulement, vous ne vivez pas seul dans ce lieu et vous pouvez être perturbé par ce que vous voyez autour de vous. « Ce n'est pas moi qui jette les affaires par terre dans la chambre de mon fils, c'est bien lui qui néglige son espace », ou encore : « Je ne mets jamais les pieds dans le garage, car je suis incapable d'y retrouver quoi que ce soit. » Comment le bazar des autres peut-il être le miroir de votre vie intérieure ? Comment intervenir pour changer les choses ? Pourquoi dois-je supporter leur influence alors que j'aspire à plus de clarté dans ma vie ?

Je vais répondre à ces trois questions après avoir évoqué de nouveau le Ho'oponopono.

Cette pratique ancestrale hawaïenne était, à l'origine, un rituel pour régler les conflits qui surgissaient entre les individus. Lorsque deux personnes entraient en conflit et qu'elles ne trouvaient pas d'issue, le chef de tribu ou le chaman mettait en place le Ho'oponopono avec les membres de la famille ou de la tribu. Le protocole se déroulait en différentes étapes pendant lesquelles les deux protagonistes exprimaient leur vision du conflit. Le chef de tribu était présent pour maintenir le calme. Le rituel continuait avec les excuses et le pardon.

Ce Ho'oponopono ancestral pouvait durer plusieurs jours, jusqu'à ce que l'harmonie soit retrouvée au sein du groupe. L'ensemble de la tribu était présente. Cela signifiait que chacun avait conscience de sa part de responsabilité dans l'origine du conflit. Les deux personnes en conflit représentaient la face émergée de l'iceberg. Il y avait un problème plus profond au sein de la tribu ou de la famille qu'il fallait mettre au clair. La responsabilité de chacun se situait à ce niveau. Il s'agissait de se dire : « Si ce conflit est arrivé dans notre tribu, c'est qu'il y a un problème dans l'ensemble du groupe et, par conséquent, chacun doit faire ce qui est nécessaire pour résoudre ce problème. » Il ne s'agissait pas de punir le coupable, mais de regarder ce qui avait amené à une telle conduite. Ensuite venaient les excuses et le pardon de part et d'autre, chacun prenant conscience de sa responsabilité dans le conflit.

Cette vision de la responsabilité m'a interpellée dès que j'ai eu connaissance du Ho'oponopono en individuel. Je l'ai même trouvé libératrice.

En effet, quand vous êtes dans la pratique du Ho'oponopono, vous prenez conscience que vous êtes à 100 % responsable... de votre vie. Cela signifie que, si quelque chose ne vous convient pas dans votre existence, vous seul pouvez le transformer.

Vous ne dépendez pas des autres, de votre conjoint, de votre famille, de votre collègue, de votre patron ou du gouvernement pour changer votre existence. Celui qui vous dit le contraire, c'est votre mental, ou plus exactement votre ego. Il maintient que, sans votre conjoint·e ou vos parents, vous n'y arriverez jamais. Il vous dit aussi que vous seul savez ce qui est bon pour vos enfants ou encore que votre partenaire essaie de vous manipuler. Cet ego se nourrit de peurs anciennes. Il s'est construit un univers autour de mémoires, comme « un mariage ne dure jamais », « les enfants sont inconscients » et « il faut se méfier des étrangers ». Vous avez construit votre existence autour de ces valeurs qui vous ont permis d'être ce que vous êtes aujourd'hui. Seulement, certaines d'entre elles ne vous conviennent plus. Il est temps de vous en débarrasser sous peine de continuer à vivre de grandes souffrances.

La preuve : lorsque vous vous retrouvez en famille et que, bien que vous soyez adulte, votre mère continue de vous parler comme si vous n'aviez pas conscience des risques, cela vous met hors de vous. Ou encore quand votre collègue semble ne pas se donner à fond dans son travail, cela vous agace, parce que vous, vous travaillez très dur !

Continuer de rejeter son mal-être sur les autres ne change rien. Vous souffrirez chaque fois que vous serez confronté à des comportements qui remettent en question les valeurs que vous conservez farouchement.

J'aimerais clarifier une autre notion au sujet du Ho'oponopono.

Réciter « désolé, pardon, merci, je t'aime » ne signifie pas que vous laissez faire, cela vous donne au contraire la possibilité d'avoir une réaction plus juste.

Pour revenir à la situation avec le collègue qui ne fait pas assez d'efforts à vos yeux, cela peut déclencher chez vous un sentiment d'injustice ou de révolte. Sans vous en rendre compte, vous agissez sous l'emprise de ces émotions, et votre attitude devient de plus en plus agressive et désagréable pour les personnes qui vous entourent. Pour votre collègue, qui n'a pas reçu cette valeur « il faut travailler dur pour réussir », il y a une incompréhension totale. Vous souffrez et vous faites souffrir. Le conflit apparaît parce que vous cherchez à convaincre l'autre d'adopter votre valeur. Il s'agit de VOTRE vérité, pas de la sienne.

L'intérêt de pratiquer Ho'oponopono vient de cette compréhension. Vous ne pouvez changer l'autre, c'est épuisant, douloureux et sans résultat positif. Ce que vous pouvez transformer, c'est votre réaction émotionnelle. En récitant en boucle et en silence « désolé, pardon, merci, je t'aime », vous ne laissez plus de place au mental et à ses phrases assassines. Vous permettez à votre musique intérieure de s'exprimer sous forme d'intuition ou de révélation. La solution qui arrive après un nettoyage intérieur est chaque fois pertinente. Il ne s'agit plus des solutions du mental mais de propositions venant du cœur. Je suis toujours étonnée par ce que je reçois. C'est simple, clair et évident.

Vous pouvez alors décider de lever le pied sur l'énergie que vous donnez à votre travail, vous pouvez aussi décider de déléguer ou de proposer d'embaucher un stagiaire pour désengorger le service, ou encore voir arriver une aide providentielle par l'intermédiaire d'autres collègues à qui vous avez expliqué calmement votre situation. Bref, il y a des millions de possibilités, et vous ne pouvez les voir tant que vous êtes focalisé sur votre collègue qui ne fait pas comme vous!

Chaque fois que je pratique le Ho'oponopono, j'en viens à la même conclusion: je ne pouvais trouver la façon de résoudre le problème tant que je laissais les peurs de mon ego me diriger. La formule Ho'oponopono permet le réalignement intérieur et la révélation des messages les mieux adaptés à la situation.

Quand vous récitez la formule, inutile d'avoir des attentes comme de se dire que votre collègue va venir s'excuser ou prendre à sa charge des dossiers en attente. De cette manière, vous amplifiez les difficultés. En effet, si rien ne se passe comme vous l'attendiez, vous allez être déçu et vous dire que cette pratique ne marche pas pour vous.

Soyez ouvert à tout, et surtout à l'inattendu. Il est là, le secret du Ho'oponopono.

Les autres : mon miroir

En intégrant ce concept, il devient plus aisé de comprendre que les autres – membres de la famille, collègues, amis ou même inconnus croisés dans la rue – sont en fait des révélateurs. Ils font office de miroir en permettant de mettre à jour des mémoires, des croyances, des valeurs qui ne nous correspondent plus.

La première bonne nouvelle est que vous pouvez vous en défaire sans avoir besoin de reconnaître la mémoire ou la croyance qui a été réveillée. Vous vous sentez mal ? Lancez la formule en silence, encore et encore. La mémoire se dissout d'elle-même.

La seconde bonne nouvelle est que cette libération est définitive. Votre comportement se transforme face aux personnes et situations que vous rencontrez. Le changement peut prendre diverses formes, l'important est de prendre conscience que des blocages ont été levés.

Il va de soi qu'en utilisant le Ho'oponopono dans son quotidien tout en réhabilitant sa maison, les résultats sont encore plus pertinents et efficaces.

En effet, lorsque vous décidez de faire le tour de votre maison ou de votre appartement pour détecter les zones les plus harmonieuses et celles qui pourraient être améliorées, vous allez être confronté à ce que les autres membres de la famille ont disséminé dans votre intérieur. Observez-vous lorsque vous êtes face à eux. Quelles émotions jaillissent lorsque vous ouvrez la porte de la chambre de votre aîné ? Que ressentez-vous en allant à la cave ? Qu'est-ce que cela remue en vous de voir joysticks et consoles éparpillés dans le salon ? Qu'avez-vous envie de dire quand vous voyez le garage inaccessible pour la voiture à cause des cartons et autres objets qui encombrent l'espace ?

Il est important d'être présent aux émotions ressenties à ces moments précis. Parce qu'il s'agit de prendre en compte vos propres sentiments, d'abord et avant tout. Que cela vous mette « hors de vous », que cela vous rende triste, vous donne envie de partir en claquant la porte, ou encore que cela vous plonge dans la culpabilité, il s'agit de VOUS. C'est sur vos émotions que vous lancez la formule « désolé, pardon, merci, je t'aime » pour couper le film du mental qui vous serine : *« C'est impossible de s'en sortir dans une telle maison », « Personne n'a de respect pour ce lieu », « Ça ne sert à rien de nettoyer d'un côté si de l'autre le désordre revient »*, ou encore *« Tant que les enfants seront là, je ne pourrai rien faire »*. Nettoyez en vous, lancez le refrain du Ho'oponopono sur ce que vous ressentez, que ce soit de la colère ou un sentiment d'injustice. Parce qu'en restant dans les réflexions désagréables, vous continuez d'entretenir votre mal-être. De cet état intérieur, vous construisez votre existence au quotidien, en répercutant à votre tour dans votre maison des émotions négatives. Un cercle infernal s'installe. Ce qui est à l'intérieur de vous apparaît également à l'extérieur.

Tant que vous continuez de penser que c'est à cause des autres que rien ne change, alors, effectivement, rien ne change.

Vous êtes le maître à bord de votre vie, dès que vous le décidez. Pour prendre en main votre existence, commencez par accepter ce que vous vivez intérieurement. Vous ne pouvez accepter le désordre laissé par les autres, alors commencez par vous, par accepter votre impuissance et votre défaitisme face à ce désordre. Ensuite viendra la transformation.

Une fois l'acceptation de vos émotions établie, vous pouvez agir.

Vos actions vont être guidées par l'influence du cœur au lieu de celle du mental, elle est là votre transformation. Vous allez être à l'écoute de votre intuition. Au moindre doute qui surgit, lancez à nouveau le mantra dans votre silence intérieur. Une peur revient? Nettoyez à nouveau. L'agacement s'installe? Remettez en route le refrain du Ho'oponopono.

Quand vous cherchez à contrôler la façon dont les autres membres de la famille rangent leurs affaires, vous savez que votre mental est en train de reprendre le dessus. Cela va encore créer des tensions, et aucun ne sera satisfait de son quotidien.

Être à l'écoute de soi, de ses ressentis, de sa vulnérabilité, permet de mieux se comprendre. Je ne parle pas d'être écouté par les autres, mais bien par vous-même. Les tensions et les drames arrivent dans les familles et les couples lorsqu'on veut absolument convaincre l'autre de penser et d'agir comme soi-même.

Vous avez besoin d'être écouté ? Alors commencez par vous écouter. Observez votre attitude, votre réaction, et comprenez que, la plupart du temps, vous êtes guidé par votre mental qui agit par peur de ne pas être reconnu ou de ne plus être aimé. En faisant ce nettoyage intérieur, vous allez vous libérer des bla-bla du mental et accéder à un monde de sagesse. Tout cela est en vous.

Je m'aide du mantra « désolé, pardon, merci, je t'aime » pour écouter mon intuition. Tout comme je traverse mon appartement pour détecter les zones qui auraient besoin d'être ajustées. Cela me donne une autre attitude : je ne suis plus dans les « Pourquoi ça traîne encore ici ce truc ? » ou « C'est toujours moi qui dois ranger », j'examine ce qui se passe en moi.

En nettoyant mes peurs ou mes doutes, je m'aperçois que, si une zone est toujours encombrée, c'est qu'il faut changer quelque chose dans l'aménagement de la pièce.

Je ne trouve jamais de solution efficace quand je suis dans la colère ou dans la frustration et que je rejette la faute sur l'autre. Les remèdes se dévoilent lorsque je suis alignée avec mon espace de paix intérieur qui va ensuite prendre forme à l'extérieur.

Une histoire de résonance

Dans la pratique ancestrale du Ho'oponopono, lorsque deux personnes sont en conflit au sein du groupe, la responsabilité de chacune est mise en avant. Cela signifie qu'à partir du moment où un événement surgit dans votre vie, simplement parce que c'est dans votre vie, alors vous êtes concerné et responsable. Ainsi, lorsque des artisans arrivent dans l'immeuble et procèdent à des travaux bruyants chez un voisin, je suis concernée et responsable de ma réaction face à cet événement. Pour aller encore plus loin, je sais aussi que je n'ai pas choisi cet appartement par hasard. Il correspondait à ce que j'avais envie de vivre. Ma responsabilité, là encore, est d'assumer mon choix et ses conséquences. Il paraît absurde d'aller aux sports d'hiver en tenue de plage et de se plaindre ensuite d'avoir froid. Il me semble encore plus absurde de sélectionner un environnement où vivent plusieurs familles et de se plaindre des cris des enfants et des travaux d'entretien qui peuvent survenir. Si j'avais voulu le calme absolu, je serais allée m'installer dans une maison de campagne isolée au milieu d'un terrain de plusieurs hectares.

L'endroit dans lequel vous vivez fait écho à vos choix, inconscients ou non. Il résonne avec ce que vous avez de plus profond; et en reniant l'extérieur, c'est vous-même que vous reniez.

Quand le voisin du dessus décide de monter et d'installer ses meubles à minuit, je ne me dis plus : « Qu'est-ce qui lui prend ? Il est dingue de tout déménager à cette heure », suivi de : « Qu'est-ce que j'ai fait pour mériter ça ? », je lance le mantra du Ho'oponopono sur les émotions désagréables que je vis, puis j'écoute mon silence intérieur et, d'un seul coup, je me souviens… sa femme est enceinte et, comme il travaille les week-ends, il ne dispose que du soir pour préparer la chambre du petit qui ne devrait pas tarder à naître. Ouf ! Mon voisin n'est pas devenu fou, il fait de son mieux, cette situation est temporaire, et je mets des écouteurs dans mes oreilles pour m'endormir sur une musique relaxante. L'autre effet fut que, suite à cette expérience, je décidai de sélectionner uniquement des appartements situés au dernier étage. Il s'agit de mon propre choix, de mes nouvelles priorités et d'en assumer les nouvelles conséquences, comme de devoir gravir trois étages sans ascenseur avec les sacs de course… et de découvrir une vue à couper le souffle chaque fois que j'entre chez moi.

Je vous rappelle que vous avez la maison que vous méritez. C'est un cadeau pour évoluer et comprendre ce que vous êtes venu travailler.

Que vous viviez dans le même lieu depuis vingt ans ou que vous déménagiez tous les trois ans, il est possible de vous re-connaître dans cet espace. Une fois cette reconnaissance établie, vous pouvez envisager les changements et transformer votre existence.

Tout comme les actions des membres de votre famille vous donnent la possibilité de dévoiler et de nettoyer des mémoires qui ne vous correspondent plus, votre maison résonne de vos priorités et de vos valeurs. Ainsi, le mal-être que vous ressentez dans ce lieu est le signe que vous avez évolué et que vos priorités ont changé. Plus question d'accuser votre appartement, la rue ou la ville où vous êtes installé. Vous aviez sélectionné cet endroit en fonction de vos critères, et ils étaient parfaits à ce moment-là.

Dans les consultations que j'effectuais, je passais beaucoup de temps à l'extérieur de la maison ou de l'appartement, examinant la rue, ses habitations et le passage des voitures. La présence ou l'absence de commerces aide à définir le niveau énergétique du lieu. Mon expérience a montré que, même sans boussole, il est possible de définir la dynamique d'une rue et d'un quartier grâce à l'observation. Plus il y a de commerces, plus il est évident que le quartier ou la rue sont animés régulièrement par les piétons et les voitures. L'intensité énergétique est haute en permanence. Moins il y a de commerces, moins il y a d'animation en journée, elle se limite en général au passage des véhicules aux heures de pointe. L'intensité de l'énergie est ponctuelle, ce qui maintient ce lieu à un niveau que je qualifie de moyen. Dans le feng shui traditionnel, les rivières et les montagnes définissent le flux énergétique. Aujourd'hui, on fait la même observation avec les routes et le flot des véhicules, tout comme avec les immeubles que l'on substitue aux montagnes.

Je regarde la rue de mon quartier : entre les immeubles et les maisons, l'espace est suffisant pour laisser des arbres et la végétation proliférer ; les jardins protègent les maisons individuelles et leur donnent un cachet provincial ; chaque immeuble a son propre territoire et semble être seul au monde. On respire. L'énergie est dynamique aux heures de pointe et se calme en journée. Cela convient parfaitement au choix que nous avons fait et à notre mode de vie. Peut-être qu'un jour viendra où le besoin de calme sera plus pressant ou, tout au contraire, l'envie d'être au cœur d'une énergie plus dynamique nous fera-t-elle partir vers d'autres cieux. L'important est de comprendre que le choix d'un lieu ne se fait pas par hasard. Il y a une volonté consciente et/ou inconsciente de s'installer dans un endroit plutôt qu'un autre. Je préfère le faire en conscience, mais si je ne le fais pas ainsi, je ne m'en veux pas. Tout au contraire, je cherche à comprendre pourquoi je suis là et ce que j'ai à apprendre sur moi.

Vous pouvez vous dire que vous avez déménagé dans ce quartier ou cette ville parce que vous étiez proche des écoles ou du travail ; il s'agit toujours de votre choix fait selon vos priorités du moment. En partant de ce principe de résonance qui permet de mieux vous connaître, vous ne dispersez plus votre énergie dans les « si j'avais su » ou « plus jamais je ne t'écouterai ». Vous concentrez votre attention sur ce qui peut être mis en place et transformé.

Acceptez ce que cela remue en vous vous permet de sortir du rôle de victime et de devenir acteur et créateur de votre existence.

La maison miroir

À l'origine, l'être humain est un nomade. Certaines ethnies continuent de pratiquer ce mode de vie dans un monde où la sédentarité est la nouvelle norme. Que ce soit dans le désert de Gobi ou dans les pays industrialisés, le nomadisme représente à nos yeux d'Occidentaux la précarité. Pourtant, chaque année nous migrons vers d'autres paysages à l'occasion des vacances. Pour la majorité d'entre nous, les congés sont synonymes de voyages et de déplacements. Un luxe qu'on aimerait pratiquer plusieurs fois par an. Se déplacer est humain. C'était un besoin vital pour trouver de quoi se nourrir en suivant les saisons et les déplacements des animaux. Il reste des traces de ce comportement dans nos gènes. Aujourd'hui, il nous semble tout aussi vital de partir dans d'autres contrées dès que nous disposons de temps libre.

La dualité apparaît entre le besoin d'aller voir ailleurs et l'envie de stabilité. La maison sécurisante peut devenir paralysante. L'habitation représente des mémoires anciennes, comme ce besoin de mettre à l'abri sa famille qui peut empêcher d'aller à la découverte du monde. La responsabilité de parents entre en conflit avec le désir de voyager. Tout le monde ne souhaite pas faire le tour du monde mais nous avons tous besoin d'évoluer. Reconnaître son besoin de déménager régulièrement ou son envie de garder absolument la maison familiale – ce qui oblige à une certaine immobilité –, permet de prendre conscience des mémoires qui sont conservées.

Combien de personnes, par fidélité familiale, conservent-elles la maison qui, depuis plusieurs générations, abrite leur famille ? Bien sûr, vous pouvez argumenter que cet endroit vous ressource et vous reconnecte à des souvenirs agréables. Une façon de revivre le passé, d'être dans la nostalgie amenant parfois des regrets. Tel est le piège du passé : il amène à ne plus vivre au présent. Les voyageurs peuvent aussi s'éloigner du présent en se projetant sans cesse dans l'avenir et en allant voir ailleurs si l'herbe est plus verte. Il s'agit d'avoir ce regard lucide en soi, d'avoir conscience de son comportement et de ce que cela implique dans sa vie.

J'ai fait le constat que l'on avait tendance à remettre l'origine de ce comportement sur l'autre, sur son conjoint ou ses parents. « Mon mari refuse de partir en vacances parce qu'il faut réparer la maison de famille et entretenir le jardin chaque week-end », ou encore : « Son travail nous oblige à bouger sans arrêt et je n'arrive pas à développer ma carrière. » Une femme m'expliqua que, tous les trois ans, elle devait faire les cartons de sa maison pour suivre son mari dont le métier l'amenait à parcourir les quatre coins de la planète. Après seize années de périples et trois enfants, elle avait envie de se poser quelque part, ne supportant plus l'idée de préparer un énième déménagement. Je lui ai demandé comment elle avait rencontré son mari, et elle me raconta qu'à cette époque elle avait envie de quitter sa famille pour aller le plus loin possible. Elle ne supportait plus la ville où elle habitait et voulait mettre une grande distance entre elle et cet endroit. La rencontre avec celui qui allait devenir son mari lui donna l'espoir d'une vie meilleure… En tout cas, il répondait à son besoin de terre lointaine, puisqu'il exerçait le métier qui lui permettrait d'aller au bout du monde.

Il est facile d'oublier le pourquoi de ses choix initiaux et, rien qu'en se remémorant cette partie de sa vie, cette femme a pris conscience de sa responsabilité dans ce style de vie.

Nous ne rencontrons pas l'autre par hasard, nous le sélectionnons en fonction de nos valeurs du moment.

Si ces valeurs se transforment et que vous décidez de vous en défaire, vous allez changer vos besoins. Ce que vous appréciez chez l'autre ne va peut-être plus vous plaire, et des tensions vont commencer à apparaître. Il en va de même pour votre maison. Quand vous arrivez dans ce lieu avec certaines idées de projets et qu'au gré du temps vous transformez vos objectifs, la maison va vous sembler plus difficile à habiter ou être inadaptée.

Vous avez changé de perspective, mais la maison est toujours la même.

Comme il est difficile d'admettre que l'on s'est trompé, que ce n'est pas la maison ou l'autre qui ne vont pas ! Il vous revient de respecter votre histoire, vos actions passées et les personnes qui vous ont accompagné tout ce temps. Dès que le doute s'installe, ou que je me sens mal à l'aise avec ce constat, je lance le mantra « désolé, pardon, merci, je t'aime » pour me libérer du jugement et laisser la place aux solutions qui viennent en écoutant mon intuition. Je n'en veux plus à personne, je suis dans l'accueil de ce qui est, pour mieux m'en servir et rebondir.

Je suis heureuse de vivre dans l'appartement que j'occupe avec mon conjoint. Il correspond à nos aspirations. Chaque jour, nous apprécions ce lieu de vie, car il fait écho à nos vies intérieures. Le reflet que nous renvoient les murs de notre habitation nous met en joie, et à d'autres moments me fait m'interroger. C'est aussi simple et ardu que cela à mettre en place. Soyez en accord avec vos véritables souhaits, acceptez vos peurs et vos doutes, vous serez heureux dans votre intérieur.

Chapitre 3 :
Se re-connaître

Ce que vous pouvez retenir

- Observez votre vie avec optimisme pour sortir de la fatalité.
- Grâce à Ho'oponopono, vous considérez votre environnement différemment.
- L'art du rangement passe d'abord par l'art de regarder son quotidien.
- Faites le tour de votre maison comme si vous la découvriez pour la première fois.
- Redécouvrez votre intérieur en prenant conscience de l'impact de certains objets et meubles.
- La résistance au changement vient souvent d'un manque de direction.
- La maison est le miroir de vos peurs profondes. Inutile de chercher à cacher les problèmes, ils ressurgiront à un moment ou à un autre.
- Acceptez la part sombre qui siège en vous pour mieux la transformer.
- Avec Ho'oponopono, vous prenez conscience que vous êtes à 100 % responsable de votre vie.

- Si quelque chose ne vous convient pas dans votre existence, c'est vous seul qui pouvez le transformer.
- Quand l'attitude des autres vous dérange, vous savez qu'une des mémoires que vous avez en vous depuis longtemps a été bousculée.
- Vous ne pouvez trouver la façon de résoudre le problème tant que vous laissez les peurs de votre ego vous diriger.
- Vous ne pouvez accepter le désordre laissé par les autres, alors commencez par vous, par accepter votre impuissance et votre défaitisme face à ce désordre.
- Vos actions vont être guidées par l'influence du cœur au lieu de celle du mental.
- En nettoyant vos peurs ou vos doutes, vous vous rendez compte que si une zone est toujours encombrée, c'est qu'il faut changer quelque chose dans l'aménagement de cette pièce.
- Il est possible de vous re-connaître dans vos espaces de vie pour ensuite envisager les changements et transformer votre existence.
- Ce n'est pas la maison ou l'autre qui ne vont pas ; regardez en vous, vos perspectives et vos projets ont changé.

4

Mise en pratique

Il est temps de vous livrer quelques astuces pour vous aider à transformer votre vie. Mais avant cela, j'aimerais que vous vous posiez une seule question et que vous y répondiez le plus honnêtement possible.

Cette question, la voici :

Que souhaitez-vous dans votre existence ?

Je ne parle pas de changer de maison, de partenaire ou de métier. Demandez-vous ce que vous souhaitez vraiment vivre au quotidien. Imaginez votre existence après avoir amélioré votre habitat et utilisé l'outil de nettoyage intérieur qu'est le Ho'oponopono. Comment vous voyez-vous dans quelques mois, dans quelques années ? Qu'avez-vous réalisé ? Qu'avez-vous mis en place dans votre vie ?

C'est un exercice important auquel je me consacre avant de passer à l'action. Il demande d'être honnête avec soi. Inutile d'en parler à qui que ce soit, c'est un moment entre vous et vous seul. Pour m'y aider, j'utilise mon imagination. De cette manière, je lève toute barrière et je regarde ce que je souhaite véritablement mettre en place dans mon existence.

Pendant quelques instants, projetez-vous dans le futur en vous visualisant en ayant réussi tous vos projets. Vous êtes heureux dans votre vie, vous avez atteint votre objectif, tout s'est mis en place, car vous avez suivi les opportunités. Quel que soit le chemin emprunté, vous avez réussi !

Maintenant, regardez le résultat. Ressentez la joie qui vous anime et la satisfaction d'être allé au bout. Faites une photo mentale et émotionnelle de votre réussite. Observez le décor qui vous entoure, ressentez l'atmosphère du lieu où vous êtes projeté, notez les émotions positives qui vous traversent.

Puis, tranquillement, prenez du recul. Faites un léger zoom arrière sur la scène. Que faites-vous ? Quelle activité vous met dans un tel état de bonheur ? Détaillez-la en notant tous les points qui vous rendent particulièrement heureux. Vous êtes toujours concentré sur le résultat final. L'objectif est atteint, et c'est sur lui qu'il est important de se focaliser.

Inutile de faire intervenir des proches dans la scène, sauf s'ils apparaissent naturellement. Il s'agit de VOTRE instantané du bonheur, de vos émotions et de votre état intérieur.

Durant ce processus, j'ai remarqué qu'il était essentiel de se concentrer sur son ressenti en évitant d'introduire son partenaire ou ses enfants, car cela peut parasiter votre imaginaire. Les messages du genre « Que va dire ma famille ? » ou «Je ne peux pas être heureuse sans mes enfants» bloquent le processus.

Ne cherchez pas à faire le bonheur des autres en utilisant votre vision de leur bonheur. Ils n'ont pas les mêmes souhaits. Ce qui compte, c'est votre état d'être. Quand vous êtes heureux, bien dans votre peau, alors les personnes qui vous entourent se sentent mieux et se détendent, et peuvent avoir envie d'entrer dans ce processus à leur tour.

Vous ne pouvez savoir ce qui rendra les autres heureux. Peut-être que certains d'entre vous sont en train de se dire qu'il y a au moins une chose qui peut leur convenir : l'argent. Pourquoi pas. Mais est-ce vraiment d'argent dont ils ont besoin ? Que veulent-ils faire avec cet argent ? Telle est la question à poser.

Si votre souhait est d'avoir de l'argent, j'aimerais que vous vous posiez également cette question.

Imaginez-vous riche, disposant de beaucoup d'argent, que faites-vous de ces millions ? Peut-être allez-vous en distribuer à vos proches et aux plus pauvres. C'est très bien, mais cela ne suffit pas, que faites-vous réellement avec cet argent ? Qu'est-ce qui vous rend heureux dans l'utilisation de cet argent ? Vous achetez une grande maison, une nouvelle voiture, vous allez en vacances dans les îles…, c'est super, mais allez encore plus loin dans votre vision. Vous disposez de tous les biens matériels dont vous rêviez, et maintenant que faites-vous de votre temps ? À quoi consacrez-vous vos journées ? Comment occupez-vous vos semaines ?

Cette façon de procéder permet de répondre à la question posée en début de ce chapitre : **Que souhaitez-vous dans votre vie ?**

Si vous êtes bloqué à cause de l'argent, alors imaginez-vous riche. Si c'est à cause de votre situation sentimentale, imaginez-vous avec la personne de vos rêves. Si c'est à cause de votre niveau scolaire, imaginez-vous avec les diplômes que vous souhaitez. Si c'est à cause de ce que pense votre famille, imaginez-les heureux de vous voir vous réaliser. Puis, allez plus loin dans votre questionnement intérieur et laissez se révéler vos actions.

À présent que vous savez ce que vous avez envie de vivre, il sera plus facile d'intervenir dans votre maison. La pratique du feng shui m'a enseigné que l'on ne fait pas du feng shui pour faire du feng shui. Intervenir chez soi de cette manière a un réel impact, et il est essentiel de savoir vers quoi, vers où, vous souhaitez aller. Vous ne pouvez travailler à l'aveuglette sans risquer les déceptions.

Si aucun résultat positif n'apparaît, c'est que vous n'aviez pas clairement défini votre objectif. Alors, reprenez le processus de visualisation et répondez à la question : « Que souhaitez-vous dans votre vie ? »

Du Pakua au bon sens

Dans l'art ancestral chinois, on divise la maison en secteurs pour définir la qualité d'énergie qui circule. Pendant ma pratique, j'ajoutais une autre méthode à la précédente, le Pakua. Cela consiste à tracer une forme octogonale divisée par le centre en 8 zones, et à la superposer sur le plan de l'habitation. Avec ce Pakua, chaque zone représente un domaine de la vie. Les relations, la prospérité, la carrière, la santé, ont leur place symbolique dans la maison. Une pièce représente un domaine de votre vie. De la salle de bains à la chambre d'ami en passant par la cave, tous ces espaces sont des représentations symboliques de votre existence.

J'aimerais vous faire entrer dans une dimension nouvelle de votre habitation sans avoir besoin d'utiliser le Pakua. Je ne le dirai jamais assez : l'usage du feng shui m'a permis de voir que le bon sens et l'observation suffisaient. En superposant le Pakua sur le plan de votre maison, des réflexions peuvent surgir, du type : « La zone qui représente les relations amoureuses se trouve dans le placard à balais, c'est une catastrophe ! » Dans un tel cas, cela signifie qu'il faut être vigilant à ne pas encombrer inutilement ce placard, à le maintenir propre, tout en lui rendant son usage d'origine : ranger les balais. Ni plus, ni moins. Vous ne pouvez transformer cet endroit en zone amoureuse comme une chambre conjugale. Il s'agit de permettre à l'énergie de circuler normalement en évitant les stagnations.

Ce que j'ai observé durant mes consultations à domicile, c'est que l'équilibre revenait rapidement dans la maison ou l'appartement dès que les pièces reprenaient leur fonction.

Hélène et Yves ont souhaité me voir intervenir dans leur maison. Je les ai donc interrogés sur leur objectif. Ils m'ont répondu qu'ils avaient des problèmes de cohabitation. Ils avaient quatre enfants, dont un qui était depuis peu en couple et habitait dans une dépendance. Il y avait aussi la grand-mère, qui était installée au rez-de-chaussée. À première vue, cela pouvait générer ce type de difficultés, mais j'ai appris à me fier à mon intuition qui me disait : « La problématique est ailleurs. » Il s'agissait d'une très grande propriété où chacun avait sa place. Quand j'entrai dans la chambre à coucher d'Yves et Hélène, j'eus la confirmation de ce que je soupçonnais. Je fermai la porte derrière eux pour que nous puissions enfin discuter du véritable problème. Je devais connaître leurs intentions à tous les deux. Que voulaient-ils vivre ? À quoi aspiraient-ils exactement ? Sans cette réponse, je ne pouvais faire qu'un constat. Il me fallait connaître leurs envies pour leur proposer une solution concrète.

Il est difficile de passer à l'action dans sa maison quand on n'a pas d'objectif. Si vous observez du désordre ou au contraire l'absence de toute vie dans une pièce, l'envie de ranger ou de remettre en fonction cet espace ne viendra que si vous avez un but. Ce dernier sera issu de la réponse à cette question : pour quoi faire ?

Sans cela, aucun résultat tangible, juste un début de quelque chose qui s'essoufflera rapidement. Hélène et Yves me répondirent qu'ils étaient en train de se perdre l'un l'autre et que cela les rendait malheureux. Il y avait beaucoup d'amour dans cette famille, mais le couple n'arrivait plus à trouver sa place. Individuellement, ils savaient comment fonctionner dans le groupe, mais pas en couple. Ils avaient tous deux envie de se retrouver, de faire de la place à l'amour qu'ils ressentaient toujours l'un pour l'autre. Quelques griefs ont émergé pendant la discussion à cœur ouvert, et ils ont rapidement trouvé leur solution. Je servis de médiatrice et leur expliquai comment matérialiser leur intention dans leur maison.

Tout d'abord, il leur fallait rendre à la chambre conjugale sa véritable fonction. Lorsque je l'ai découverte, ce qui me frappa en tout premier lieu fut le nombre d'intrus qu'il y avait dans cet espace. Petit à petit, cette pièce s'était métamorphosée en… débarras. Dans un angle trônait la table à repasser pliée, avec le fer à ses pieds. Cela avait commencé ainsi. Puis, par peur de ne pas retrouver les affaires dans le garage encombré, deux bouteilles de plongée étaient venues s'installer dans un autre angle. Sous le lit, d'autres ustensiles de plongée étaient rangés dans des caisses en plastique. Du linge à repasser reposait dans une bannette au pied du lit. Diverses bricoles venaient agrémenter l'ensemble, rangées proprement dans une belle boîte ou une housse. Je leur indiquai chaque objet et leur montrai que la chambre conjugale était devenue un débarras.

Une fois que leur intention de mettre leur amour et leur vie de couple en avant fut entendue et intégrée par les deux parties, je les invitai à retrouver l'usage de cet espace en enlevant tout ce qui ne servait pas à leur intimité. Bien sûr, il y eut quelques résistances mais, lorsque je répétais leur objectif, ils trouvaient rapidement une solution de rangement pour chacun des éléments. En quelques minutes, la chambre retrouva un aspect éclatant, la femme alla fouiller dans un carton et sortit un voilage qu'elle installa immédiatement sur la fenêtre de leur chambre. Ils l'avaient acheté ensemble, deux ans auparavant, et n'avaient pas pris le temps de le mettre en place. Même la fenêtre ne pouvait leur procurer l'intimité dont ils avaient besoin. Le mari alla de son côté fouiller dans une autre caisse et retrouva la clé de la porte de leur chambre. Je trouvai ces deux actions magnifiques, car ils avaient agi sans que je leur propose ces solutions. Cela me confirma que leur intention était sincère.

Pour clore cette étape, je leur demandai de plonger dans leur album de mariage. Puisqu'ils avaient tous les deux un très bon souvenir de ce moment, ils pouvaient ressortir une photo de leur couple issue de cette journée. Cette photo devait être placée stratégiquement pour que tous les membres de la famille intègrent que le couple était bien présent et qu'il avait toute sa place au sein du groupe. Je leur demandai de trouver des photos de vacances qu'ils avaient passées tous les deux sans la présence des autres membres de la famille. J'avais remarqué dans la salle à manger de nombreuses photos avec les enfants, les petits-enfants, les grands-parents, mais le couple n'était pas représenté. Il était important d'enlever quelques photos de famille pour les remplacer par celles du couple heureux afin de rétablir l'équilibre. Les photos serviraient de rappel autant à eux-mêmes qu'aux autres membres de la famille.

Le succès de cette transformation me confirma combien il est important de définir ce que l'on souhaite véritablement vivre. À partir de là, il est possible de rétablir l'équilibre. Dans cette famille, il était nécessaire de réajuster la position du couple en commençant par écouter le souhait de chacun avant de le mettre en place dans la maison. Puis de se servir de chaque pièce comme d'un révélateur de ce souhait. Dans ce cas, le reflet de cette intention est apparu sous forme de rangement et de photos. L'impact de cette transformation a permis à ce couple de fêter son anniversaire de mariage avec sérénité et de prolonger son vœu de vivre ensemble.

Le bon sens ne se trouve pas seulement dans les aiguilles d'une boussole feng shui ou dans les symboles ésotériques, il prend naissance dans la révélation de vos intentions les plus profondes.

Une pièce, un domaine de votre existence

La simplicité de la méthode que j'utilise réside dans le fait que la maison est notre seconde peau. Elle représente pour chacun d'entre nous un abri utilisé au quotidien pour se poser avant de repartir à la conquête de son existence. Les difficultés sont des indicateurs.

Quand des personnes souhaitaient me voir pour une expertise à leur domicile parce qu'elles se sentaient perdues dans leurs démarches de création d'entreprise, je retrouvais à peu près les problématiques que traduisait ce constat : pas d'espace pour se poser et travailler à cette création.

Vous avez défini un objectif professionnel ? Alors investissez dans un espace qui sera votre bureau. Quand l'espace qui sert de bureau se trouve sur la table de cuisine ou dans un petit coin du salon, cela génère une instabilité et une sensation de précarité, soit parce qu'il faut ranger ses affaires chaque jour pour faire de la place, soit parce que cela dérange les autres membres de la famille. L'installation temporaire s'enracine dans les crispations de tous. Il est important de faire de la place à votre projet professionnel en le matérialisant dans votre habitation, tout en respectant chacun des habitants.

Il en va de même si vous souhaitez avoir une vie de couple. Que ce soit dans votre chambre, dans votre penderie, dans votre salle de bains, il est nécessaire d'être prêt à accueillir l'autre, celui ou celle que vous souhaitez avoir dans votre vie. Là encore, je constatai souvent que les personnes qui avaient besoin de mon expertise dans le but de trouver l'âme sœur matérialisaient en réalité tout autre chose. Du lit pour une personne aux penderies et commodes pleines qui ne pouvaient recevoir d'autres vêtements, en passant par la salle de bains qui n'avait plus la place d'accueillir une autre brosse à dents ; tous ces éléments me montraient la résistance à une vie à deux à laquelle ces personnes semblaient pourtant aspirer.

De la création d'entreprise à la vie à deux, lorsque votre maison reflète l'inverse, demandez-vous si vous souhaitez véritablement ce changement. Prenez conscience des peurs et des actes qui vous amènent à saboter votre projet. Ensuite, il vous sera toujours possible de renverser la vapeur en mettant en place ce qui est nécessaire à sa réalisation.

Chaque pièce de l'habitation représente un domaine de votre existence et, en observant la façon dont vous agencez cet espace et y vivez, vous prenez la mesure de ce qu'il convient de transformer. Faites un état des lieux et comparez-le avec votre objectif de vie.

Voici le modèle que j'utilise pour mieux comprendre la manière dont vit une famille dans une habitation. Vous pouvez vous en servir comme représentation symbolique dans votre propre intérieur. Inutile de vouloir l'appliquer chez les autres sans l'avoir d'abord expérimenté pour vous-même. D'expérience, je commence toujours par mon propre logement. Pas question d'aller en visite chez des amis en leur pointant du doigt ce qu'ils devraient faire dans leur maison alors qu'ils ne m'ont rien demandé et n'ont pas mis au jour leurs intentions.

Je fais le tour de chez moi avec le modèle ci-dessous en tête et j'observe. Il me faut revenir plusieurs fois pour intégrer tous les détails, car c'est fou comme la mémoire devient défaillante quand il s'agit de s'occuper de son propre intérieur ! Quand il me semble manquer de lucidité, je lance « désolé, pardon, merci, je t'aime » en boucle pour nettoyer les *a priori* et les jugements qui peuvent surgir alors que j'observe mon intérieur.

Voici ma représentation symbolique de l'habitation :

- la cuisine représente le bien-être et la santé,
- le salon peut être assimilé aux loisirs,
- la salle à manger, aux relations amicales, familiales et professionnelles,
- la salle de bains et les toilettes concernent la perception de son corps,
- la chambre conjugale est l'expression du couple,
- les chambres des enfants représentent la créativité.

Il y a aussi les couloirs qui, en fonction de leur taille et des pièces qu'ils desservent, vont représenter un type d'énergie. Par exemple, un couloir qui part de l'entrée vers les pièces à vivre en commençant par la cuisine montre la priorité à la nourriture, à la santé et au bien-être, et varie en fonction de l'état de la cuisine. Si l'espace entre l'entrée et la cuisine est restreint, cela peut signifier que la nourriture est la priorité. Ce n'est ni bon ni mauvais, c'est un indicateur de la tendance du lieu et du choix fait par ses habitants.

La cave est un espace où l'on cache ses peurs de manquer. Cet espace peut servir de stockage pour des bocaux de nourriture, des bouteilles de vin et des sacs de pommes de terre, comme il peut contenir majoritairement des bicyclettes, des tondeuses et des appareils en tout genre. Dans le premier cas, le besoin d'avoir une telle réserve peut montrer une peur de se retrouver sans nourriture ; et, dans le second cas, cela dénote la peur d'avancer, surtout si la plupart de ces objets sont cassés. Ici encore, ce constat doit être mesuré et dépend de la quantité entreposée.

Je considère le grenier comme un sanctuaire. Une sorte de mausolée à la mémoire du passé, des ancêtres, de l'enfance, où règne la nostalgie de ces moments révolus qui ne reviendront plus. En fonction de ce qui est conservé, vous pouvez définir s'il s'agit de regrets qui concernent votre enfance ou celle de vos enfants. Il est important de garder précieusement ces souvenirs quand ils ne sont pas des reliques d'amertume et de tristesse.

Cave, grenier et buanderie sont des lieux de stockage, il est normal d'y entreposer ce que l'on souhaite conserver pour le retrouver dans l'avenir.

En regardant ce que vous stockez, vous aurez un indicateur de votre vision du futur.

Je conserve encore des reliques de mon passé, je m'assure de garder ce qui me paraît essentiel aujourd'hui. Seulement, si demain ma vision change, je me donne la liberté de m'en défaire.

Il n'y a pas de bonnes ou de mauvaises maisons. Seule la façon de regarder votre intérieur compte. Dès que vous avez défini votre objectif, l'essentiel est de rendre à la pièce concernée son usage, tout en ayant pris soin de comprendre pourquoi elle avait été ainsi chamboulée.

Soyez bienveillant envers vous-même, envers votre façon d'évoluer. Ce que vous avez mis en place jusqu'à maintenant était parfait, car cela a permis de faire de vous la personne que vous êtes aujourd'hui. Le fait que vous lisiez ce livre est la preuve que vous êtes ouvert aux possibles et prêt à découvrir vos capacités.

La réconciliation

La pratique du Ho'oponopono, en tant que rituel de réconciliation, permet de rétablir l'harmonie dans le groupe lorsque les disputes et les conflits ne trouvaient pas de solution. Depuis que la méthode hawaïenne est devenue individuelle, il s'agit de se réconcilier avec ses propres mémoires pour mieux s'en défaire. Un réalignement intérieur est obtenu en récitant « désolé, pardon, merci, je t'aime » dans le silence.

À partir de cette vision, j'ai constaté que la réconciliation avec son habitation permettait également cette transformation. Une manière de concrétiser dans la matière ce changement intérieur.

Se réconcilier avec son appartement, sa maison, son studio, sa chambre, est essentiel, avant de passer à autre chose. Sinon, vous partez avec des regrets, des reproches ou des manques, qui vont résonner si fortement que vous serez automatiquement attiré par des lieux qui font écho à ce mal-être.

Vous allez trimballer vos bagages comme vos émotions, que ce soit des ressentiments ou de la peine, qui vont prendre place dans ce nouvel appartement où vous allez vous installer après avoir claqué la porte du précédent.

Le premier endroit qui m'a fait comprendre l'importance de la réconciliation fut l'immense maison de maître dont je parlais en début de ce livre. Rien ne se passa comme prévu dans ce lieu, aussi devint-il évident qu'il fallait le mettre en vente. Mais avant d'en arriver à ce stade, il fallut éclairer le chemin que l'on souhaitait prendre.

Aujourd'hui, je suis persuadée que cette première étape a été le déclencheur : accepter d'avoir échoué pour comprendre que ce que l'on avait mis en place dans ce lieu ne correspondait pas aux véritables aspirations de chacun. Ensuite, à coups de pinceau et de tournevis, les petits défauts de la maison furent arrangés avant de la mettre en vente.

Je partais du principe qu'un visiteur serait d'abord touché par l'entrée de la maison, à l'extérieur comme à l'intérieur. Focalisée sur cet aspect, il ne fallut que quelques jours pour transformer l'entrée de la maison. Je me souviens avoir appliqué les couches de peinture le cœur léger, car j'avais défini mes objectifs, et ces derniers me mettaient en joie. Cela n'a rien à voir avec le fait de faire des travaux d'amélioration en étant pressé de voir la vente se réaliser ou de se dire que c'est de l'énergie perdue puisqu'on n'en profitera pas.

Peindre, nettoyer, réparer en se visualisant dans un avenir radieux permet de se réconcilier avec son histoire.

Tout ce qui s'est déroulé dans cet espace m'a permis de comprendre que, tant que l'on n'est pas à l'écoute de sa musique intérieure, de son intuition, tout ce que l'on matérialise est éloigné de nos aspirations profondes. Inconsciemment, le désalignement s'était mis en place dans ce lieu et, chaque jour, les murs de la maison nous renvoyaient plus intensément ce désaccord, jusqu'à générer des situations douloureuses.

L'échec est pour moi la meilleure façon de se dire qu'il faut revoir ses priorités et cesser d'agir à l'aveuglette. Durant ces moments, je m'interroge sur ce que je dois comprendre et je commence par : « Si cet événement me donne l'impression de m'être fait avoir, d'avoir été trop naïve ou d'être incompétente…, peut-être que j'ai cette démarche en moi. Est-ce que je cherche à manipuler la vie ? Ne suis-je pas éloignée de la bienveillance quand je suis gentille uniquement par politesse, et peut-être que je dois être plus efficace. » En bref, je m'interroge sur l'effet miroir que me renvoient la maison et ses habitants.

À la seconde visite organisée par l'agence, la grande maison de maître fut vendue. L'inespéré arrive quand on est en parfait accord avec ses aspirations profondes. Toute l'énergie que l'on déploie est envoyée dans ce sens, et les obstacles se transforment en étapes vers la destination définie.

Se réconcilier avec son histoire en utilisant son habitation permet à chacun de se libérer des blocages liés au passé. La visualisation de son avenir est une aide incontournable de cette pratique.

Les appartements et maisons qui sont mis en vente sous l'énergie d'un divorce ou d'un changement non désiré ont beaucoup de mal à trouver un acquéreur, et les propriétaires sont régulièrement amenés à revoir les prix très largement à la baisse. Cette situation peut être transformée en se réconciliant avec le lieu et l'histoire qui s'y est déroulée. Certes, il est difficile de ne pas être plein de ressentiments dans ces moments de rupture, surtout quand le passé est violent. La plupart pensent que cette réconciliation doit se faire avec celui ou celle qui a partagé ce lieu, alors ils refusent ce cheminement et restent agrippés à leurs ressentiments. Construire sa nouvelle vie dans ces conditions donne alors peu de place au bonheur pour l'avenir. Sachez que cette réconciliation ne concerne que vous et votre passé. Votre ex-partenaire n'a nul besoin d'être présent. En entrant dans cette dynamique, vous allez vous libérer d'une étape douloureuse pour vous consacrer à la réalisation d'un avenir meilleur. De plus, il est inutile de demander à l'autre d'en faire autant. Il s'agit de votre douleur, de votre histoire et de votre souhait de réconciliation.

Lorsque je m'attachais à ce que l'autre soit dans cette même énergie, je m'éloignais de la réconciliation, car j'allais dans le contrôle, ce qui génère encore plus de souffrance. Occupez-vous de votre propre état émotionnel et laissez de côté les autres en vous concentrant sur votre nettoyage intérieur. Puis lancez envers ce lieu de la gratitude pour vous avoir permis d'évoluer et de passer à une vie plus adaptée à vos aspirations. Cela n'enlèvera pas le passé, mais il va reprendre sa place et ne plus polluer votre existence d'aujourd'hui.

Prendre du recul, respirer profondément et se mettre dans un état de gratitude vous éloigne des peurs. Connectez-vous à votre objectif et ouvrez-vous aux opportunités. Il y aura peut-être nécessité de nettoyer, peindre et réajuster la maison, mais vous le ferez en étant en accord avec vos projets et dans la certitude d'avoir toujours fait de votre mieux. Soyez sans attente, c'est-à-dire ouvert à tous les possibles que vous ne pouvez voir pour le moment. Cela vous donnera encore plus de liberté pour écouter votre intuition.

L'empreinte énergétique

Je vous ai parlé d'énergie, car c'est bien cela qu'est le Qi. Les géomanciens chinois ont appris à le reconnaître pour le transformer au gré des besoins. Ainsi que nous l'enseignent la médecine chinoise et le feng shui, les humains et la planète sont traversés par un flot invisible qui est à l'origine de la vie. Remplacez les organes et les vaisseaux sanguins par les maisons et les routes, puis la prise de pouls par le Luo Pan (la boussole) afin de mesurer la qualité d'énergie qui circule, et vous obtenez une vision énergétique de votre habitation. L'énergie s'imprègne de ce qu'elle croise sur son chemin, les montagnes, les rivières, les jardins, les rues, les immeubles, les villas, mais aussi les habitants, et de tout ce qui compose l'intérieur de leur habitat.

Alors que je cherchais une nouvelle habitation, je me rendis compte à quel point l'énergie des occupants était ancrée dans les différentes maisons que je visitais. Des marques de meubles laissées sur les murs aux sensations ressenties dès que l'on franchit le seuil de la porte, on peut percevoir les traces des anciens habitants. Ainsi, je compris que chacun d'entre nous était attiré par une maison plutôt qu'une autre, autant à cause de son empreinte énergétique que par sa disposition intérieure.

L'attraction se fait autant vers le lieu que vers ce qui émane des habitants.

Cette révélation me fit prendre conscience de l'importance de savoir ce que l'on souhaite faire de sa vie. En effet, de ce constat dépendent le type d'énergie que l'on veut mettre en œuvre dans son existence et, par conséquent, la recherche du type de lieu qui dispose de l'énergie la plus en adéquation avec ces souhaits.

Avant d'emménager dans l'appartement où j'écris ce livre, Chris et moi avons commencé par l'imaginer. Ensemble, nous avons projeté les différents éléments qui semblaient incontournables pour vivre la vie que nous souhaitions. Puis, le moment venu, nous avons prospecté et, à la troisième visite, nous avions « notre » appartement.

Celui-ci disposait des points que nous avions demandés : habitable de suite, lumineux, avec une vue dégagée et un espace de méditation. De plus, la famille qui avait occupé ce lieu avant nous y était restée douze années, signe que l'endroit amenait une certaine stabilité. Nous voyageons beaucoup, et il me semblait important d'avoir un tel point d'ancrage.

La deuxième visite que nous avions faite était celle d'un appartement où les locataires changeaient chaque année. Son agencement amenait ce type de comportement qui ne correspondait pas à nos critères. Quant au tout premier appartement visité, il nous permit d'ajouter deux critères importants que nous avions oubliés : espace et lumière. Une fois cet aspect mis à jour, nous pouvions choisir un lieu encore plus en adéquation avec notre style de vie. Un lieu qui nous permette de bouger, de voyager, de découvrir et de partager nos expériences par l'écriture.

L'appartement dans lequel j'évolue invite au mouvement et pourrait être mal vécu par des personnes qui souhaitent une vie sédentaire et proche de la nature. Même si le paysage dominant est composé de collines et de forêts, cet appartement est situé en zone urbaine, avec toute la dynamique

que cela implique. Son énergie amène à l'activité physique et psychique.

Il est essentiel de comprendre que vous n'êtes pas arrivé par hasard dans l'appartement ou la maison dans laquelle vous vivez. Quand vous avez choisi ce lieu, le type d'énergie qui en émanait vous a parlé, il a même pu vous sembler familier. Cela faisait écho avec ce que vous aviez envie de vivre ou avec ce que vous aviez l'habitude de vivre. Notez bien la différence, elle n'est pas anodine, et il vous incombe de trouver votre propre réponse.

Avez-vous choisi ce lieu en fonction de ce que vous souhaitiez mettre en place dans votre vie ou parce qu'il vous semblait familier, c'est-à-dire identique à votre habitat précédent ?

Le réflexe est souvent de condamner l'endroit que nous avons choisi et de se comporter comme une victime de la fatalité ou, pire encore, de culpabiliser d'avoir fait ce choix. Je souhaite vous faire prendre conscience qu'il est possible de sortir de ce jugement en regardant votre maison telle qu'elle est – un révélateur de votre état intérieur. De plus, comme cela vient de vous, cela signifie que vous êtes celui ou celle qui va pouvoir changer les choses. C'est une excellente nouvelle : vous avez la clé pour cette transformation. Vous allez vous aider de votre maison ou appartement pour faire ce changement.

Votre espace va se transformer au gré de votre évolution intérieure, et vous allez pouvoir observer ce changement.

De toutes les couleurs

Harmoniser un lieu en feng shui consiste à rétablir l'équilibre du yin et du yang. Que ce soit un immeuble de standing, une maison particulière ou un commerce, l'expert s'applique à renforcer ou diminuer l'aspect yin ou yang du lieu avec l'aide des 5 éléments. Le bois, la terre, le métal, le feu et l'eau sont les garants de cette optimisation. Ils sont utilisés sous leur forme originale ; cependant, la présence symbolique de ces éléments peut suffire à équilibrer le lieu. Même si les puristes en feng shui considèrent que la représentation symbolique n'a aucun pouvoir sur le Qi, changer la couleur des murs de votre habitation a tout de même un effet.

Les maîtres feng shui qui m'ont enseigné leur art s'accordaient tous à dire que peindre un mur en ocre pour représenter l'élément terre n'apportait aucun changement énergétique. En effet, pour remonter le yin d'un lieu, l'expert vous amènera à reconsidérer l'aménagement de vos pièces, en créant, par exemple, une autre porte d'entrée ou en abattant une cloison pour changer radicalement la répartition de l'espace et du Qi dans ce lieu. Ces solutions peuvent convenir aux propriétaires, mais sont difficilement applicables par les locataires et aussi par ceux qui ne disposent pas de moyens financiers. C'est pour cela qu'il est plus souvent conseillé d'utiliser l'élément terre sous forme de vases, de statues ou encore de tommettes en terre cuite sur le sol (quand c'est possible), afin d'aller vers cet équilibre. Pour simplifier encore les choses, des auteurs de feng shui préconisent d'utiliser des couleurs qui représentent l'élément manquant. Ainsi, en Occident, le feng shui s'est-il transformé en une succession de couleurs symbolisant le feu avec le rouge, le métal avec le blanc, la terre avec l'ocre ou l'orange, le bleu avec l'eau et le bois avec le vert. Puis il s'agit d'intégrer ces couleurs en fonction des pièces et de leur fonction.

Je suis d'accord pour affirmer que les couleurs n'ont aucune influence sur le Qi qui circule dans votre habitation. Par contre, ces mêmes couleurs vont mettre le cerveau humain dans un état de réceptivité différent et vont changer l'attitude des personnes qui circulent dans la maison. L'énergie du lieu va se métamorphoser par le comportement des habitants. La psyché de chacun va se focaliser sur un autre niveau en absorbant au quotidien ces nouveaux éléments.

Il est intéressant de voir que la science confirme notre sensibilité cognitive face aux variations de couleur de la lumière. Une étude scientifique réalisée en Belgique en 2014[1] démontre que certaines régions du cerveau sont activées après plus d'une heure d'exposition à la lumière orange et que les performances cérébrales changent en fonction de la couleur de la lumière. Cela confirme l'influence de notre environnement sur notre comportement et l'impact de celui-ci à long terme.

Peindre les murs de son appartement en rouge ou en blanc ne va pas procurer la même sensation, c'est évident.

1. Article du 11 mars 2014 paru dans *Science et Avenir* et intitulé « Comment la lumière influence notre cerveau (une heure après) », écrit par Stéphane Desmichelle.

Cela va également changer votre façon d'appréhender le quotidien et, par là même, transformer votre existence. Vous pouvez utiliser cet atout pour créer plus de dynamique dans votre vie ou au contraire pour calmer l'atmosphère, tout dépend de ce que vous avez envie de vivre au quotidien.

Pour ceux qui vivent dans un lieu qu'ils estiment trop sombre, où ils se sentent «plombés» et qui désirent s'engager dans une nouvelle dynamique, je les invite à éclaircir les murs de leur habitation et à laisser entrer la lumière naturelle en supprimant tous les obstacles devant les fenêtres. Des rideaux aux plantes vertes, laissez la luminosité envahir votre espace et vous procurer l'élan nécessaire. Si, au contraire, vous trouvez qu'il y a beaucoup d'agitation chez les habitants, apaisez le flot de lumière en installant des voilages aux baies vitrées, utilisez des couleurs qui vont de l'ocre au marron sur quelques pans de mur, vous apaiserez ainsi l'esprit de chacun. Puis observez, la métamorphose se fera dans le temps.

Il se peut également que vous ayez eu besoin de cette agitation pendant un temps et que vous ayez aujourd'hui besoin de vous poser. Ou tout au contraire, vous estimez vous être suffisamment reposé, et il est temps pour vous de passer à l'action.

Tout peut se transformer à tout moment, c'est vous qui décidez de l'agencement intérieur en fonction de vos nouveaux besoins. Inutile de rester rigide dans l'aménagement d'une habitation, tout se transforme. Vous êtes la vie qui s'exprime, et en mettant autour de vous les éléments qui vont vous permettre d'évoluer, vous permettez à chacune des personnes qui partage votre maison de laisser libre cours à son évolution intérieure.

Les porte-bonheur

Quand je suis entrée dans le monde du feng shui, je me suis passionnée pour les talismans chinois. De la grenouille aux carillons, j'ai accumulé nombre de ces objets durant mes voyages. Puis j'ai découvert d'autres pays, d'autres cultures, qui avaient eux aussi leurs porte-bonheur. Chaque civilisation a intégré dans son histoire des objets détenteurs de pouvoirs surnaturels. Par exemple, en Chine, les figurines représentant un couple de canards sont censées apporter le bonheur dans les relations amoureuses, et la pivoine aider à trouver l'âme sœur. Il y a aussi des éléments protecteurs, comme les miroirs Pakua que l'on accroche à l'entrée des habitations. Dans les pays d'Afrique du Nord, on utilise la représentation d'un œil cerné de bleu pour obtenir le même effet. Les amulettes sont présentes sur toute la planète et peuvent prendre des formes très variées. Que ce soit un fer à cheval ou un coquillage comme le cauri qui servait à la fois de monnaie d'échange et d'outil divinatoire, depuis la nuit des temps, le surnaturel est présent dans les objets du quotidien. Superstition ou réalité, pourquoi l'être humain attribue-t-il à ces objets un tel pouvoir ?

Après des années de découvertes à travers le monde, j'ai observé et fait le même constat :

> Les objets porte-bonheur représentent le besoin de mettre dans la matière des pensées, des souhaits ou des intentions. Ils sont la représentation de ce que nous avons envie de vivre.

Vous êtes en vacances et vous décidez de vous acheter un souvenir dans une boutique de la ville où vous avez séjourné. Une fois à la maison, vous posez ce souvenir sur une étagère ; dès que vous le regardez, les émotions de cette période ressurgissent et vous rappellent de bons moments passés en famille, avec des amis ou en couple. On appelle cela un « ancrage ». Vous avez marqué dans la matière un événement, mais surtout une émotion, que vous pourrez retrouver chaque fois que vous regarderez cet objet.

Pour les objets sacrés, l'effet d'ancrage personnel s'ajoute à celui de l'ancrage collectif. Les divinités dont la représentation est fortement imprégnée dans la culture de tout un peuple éveillent une émotion particulière. La mémoire collective qui est présente dans l'inconscient de chacun apporte une singularité émotionnelle à l'objet. La statue de Guan Yin, *bodhisattva* à l'énergie féminine qui trône à l'entrée de certaines villes chinoises, impacte quotidiennement l'inconscient des habitants. À la fois protectrice et miséricordieuse, elle invite à la compassion et à la gentillesse. Dès que je vois cette représentation, elle me renvoie à la sagesse féminine emplie de bienveillance. Un aspect que chacun d'entre nous peut éveiller, dès qu'il le désire. Les masques africains, qui sont exposés dans les musées ou chez les collectionneurs, sont issus de rituels particuliers, et leur énergie ne peut pas convenir à tous. Chacun d'entre nous est attiré naturellement par certains objets de culte plutôt que par d'autres. Un sentiment de bien-être doit jaillir à leur contact.

Au début de ce livre, je raconte avoir clôturé le réaménagement de mon appartement par l'achat d'un petit bouddha.

L'ancrage que j'avais inconsciemment créé par l'achat et la mise en place de cette statue à l'entrée de mon appartement me rappelait à ma décision de passer au renouveau. J'y voyais une représentation de la spiritualité vers laquelle je tendais, et également le souhait d'entrer dans une autre vision de la vie. Ce rappel, au quotidien, m'a permis de marquer et de maintenir cette décision. Ensuite, cet objet s'est imprégné de ma détermination et il est devenu le porteur symbolique et énergétique de ce souhait. Il m'a portée vers une nouvelle vie où j'avais pris la décision de vivre le bonheur.

C'est ainsi que naissent les porte-bonheur. Ils sont vos compagnons du quotidien, essentiels à la mise en place de votre projet ou de votre décision ; ils vous rappellent à votre promesse et donnent le ton de l'énergie que vous allez déposer dans votre nouvelle vie et dans votre maison. Leur puissance est à la hauteur de votre détermination.

Vous pouvez prendre un galet trouvé sur une plage pour marquer votre souhait, ou bien vous procurer une représentation divine marquée par votre culture, tout dépend de votre sensibilité et de l'impact que vous souhaitez obtenir. Il s'agit de votre ressenti. Pour ma part, j'utilise un joyeux mélange de représentations de statues de bouddhas, de carillons et de pierres semi-précieuses. Ce sont mes ancrages. Soyez créatif, utilisez les objets qui vous portent, ceux qui vous inspirent, qu'ils soient issus de la culture asiatique, indienne, arabe ou européenne, ils ont tous leur impact. Choisissez ceux qui vous font vibrer de bonheur.

L'aspect énergétique est apporté par les émotions que vous ressentez face à eux. Mais certains objets utilisés en feng shui disposent déjà de leur propre vibration, comme les carillons éoliens actionnés par la brise et les cristaux à facettes qui renvoient la lumière sous forme d'arcs-en-ciel. Je les considère comme des activateurs de Qi. Ils sont très utiles dans les endroits où la stagnation énergétique est forte.

Lorsque vous combinez l'ancrage émotionnel et l'effet « naturel » de l'objet, cela provoque une impulsion sur le lieu qui abrite cet objet et lui donne toute sa puissance.

Vous l'aurez compris, l'être humain donne aux bijoux et reliques leur toute-puissance en y projetant sa propre intention. Ils servent de rappel à la volonté de modifier son quotidien, aident à accomplir des prouesses et sont les porteurs de messages ancestraux qui perdurent dans l'inconscient collectif depuis des millénaires. Grâce à eux, la superstition devient réalité.

En utilisant les porte-bonheur, vous utilisez la matière pour ancrer vos souhaits et vous offrez à votre inconscient une ouverture vers l'inconnu tout en étant dans la confiance.

Un porte-bonheur se choisit avec le cœur, et vous pouvez en changer autant de fois que vous le désirez. J'ai créé ma boîte à porte-bonheur dans laquelle je vais piocher et stocker des objets de temps en temps. Pour faire la sélection, écoutez la vibration intérieure, votre intuition. Lorsque je sens le sourire monter en moi, je sais que c'est celui-ci et pas un autre qui va me porter vers le bonheur. Que je connaisse l'histoire de cette amulette ou que je sois simplement attirée vers elle, l'important est qu'elle me fasse le plus grand bien lorsque je la regarde.

L'intuition est votre meilleur guide

Le meilleur moyen de parvenir à la réalisation d'un projet ou de transformer sa vie est d'écouter sa propre voix intérieure, son intuition. Elle apparaît dès que vous mettez de côté les paroles du mental et se reconnaît grâce aux émotions joyeuses et paisibles qui l'accompagnent. Vous allez voir son effet dans votre environnement en la laissant agir. Votre comportement va évoluer, vos priorités vont se modifier et vous allez constater cette transformation sur les murs de votre maison. Les membres de votre famille vont recevoir cette énergie bienveillante comme une invitation au bien-être. Inutile d'attendre de leur part un quelconque remerciement ou de l'approbation. Agissez dans votre alignement intérieur et sur vos propres affaires; que ce soit les vêtements, des livres, des outils ou de la vaisselle, touchez uniquement ce qui vous concerne.

Expliquez votre intention de bouger ou de libérer certains meubles en étant d'abord au clair avec vous-même. Vous pouvez ensuite dire: «J'applique une méthode que j'ai apprise dans un livre pour m'aider à me sentir mieux dans la maison. » Cela suffit à faire comprendre que vous n'agissez pas contre eux mais pour votre bien-être.

Il est important d'exprimer ce que vous faites pour éviter les heurts et toute ambivalence. Vous ne mettez pas les autres personnes en cause. Vous agissez pour vous. Soyez clair sur ce point. Ensuite, comme votre bien-être va augmenter, vous allez contaminer les autres membres de votre famille. Les effets vont apparaître dans le temps. Peut-être qu'au début vous ne les verrez pas vraiment, car trop occupé à attendre quelque chose de précis. La pratique du Ho'oponopono se fait aussi à ce niveau. Soyez ouvert à tous les possibles en évitant de vous enfermer dans une attente de résultat. La seule attente peut être de vous sentir de mieux en mieux dans ce lieu, mais là encore, sans définir de limite dans le temps, car retrouver de la fluidité dans son appartement et dans sa vie après des années de stagnation peut demander quelques jours ou quelques semaines.

Ce livre est là pour vous donner des pistes. Le véritable travail, c'est vous qui allez l'accomplir.

J'ai utilisé des anecdotes et des exemples d'expériences pour vous amener à comprendre l'intérêt de se reconnaître chez les autres et dans sa maison. Maintenant, ce qui m'a convenu et a permis de résoudre les problèmes des personnes qui m'ont consultée n'est peut-être pas VOTRE solution. Le meilleur guide que vous pouvez suivre, c'est votre intuition. Vous savez qu'il est possible de transformer votre existence en posant un regard différent sur votre vie, en vous libérant de peurs et en appliquant chez vous un nettoyage salvateur. C'est à vous de définir par quelle pièce commencer en écoutant votre guide intérieur. La voix qui vous ressasse qu'il faut revoir tout l'aménagement et vider tous vos placards pour vous en sortir, c'est le mental. Il est stressant, car il donne des objectifs irréalistes et irréalisables. Ho'oponopono est un outil fondamental pour laisser la pression du mental de côté et s'atteler au changement en profondeur en commençant par ce qui vous convient le mieux.

En feng shui, il y a trois endroits à dégager dans une maison pour éviter la stagnation et remettre l'énergie en circulation. Il s'agit de l'entrée principale, du centre de la maison et de la chambre principale.

En clair, il s'agit de laisser le Qi arriver librement (l'entrée), puis de lui permettre de circuler aisément dans toutes les pièces (le centre) et de permettre aux habitants de se ressourcer sur son passage (la chambre).

Il s'agit toujours de bon sens, et c'est ce qui me plaît dans cet art. Un retour à l'évidence en prenant en compte des éléments du quotidien, comme avec le Ho'oponopono qui nous libère de nos peurs et de nos limites, lesquelles surgissent chaque jour. Suivre son cœur au quotidien devient plus facile avec ces outils d'alignement et de reconnaissance intérieurs. Grâce à cela, mes connaissances acquises dans ces différents domaines ont trouvé leur place et ont permis de métamorphoser mon existence vers ce que je souhaitais mettre en place.

Pour résumer : un jour j'ai écouté mon intuition, je l'ai suivie, et elle ne m'a jamais déçue.

Chapitre 4 : Mise en pratique

Ce que vous pouvez faire

- Demandez-vous ce que vous souhaitez vraiment vivre au quotidien.
- Imaginez votre existence après avoir amélioré votre habitat et utilisez l'outil de nettoyage intérieur qu'est le Ho'oponopono.
- Intervenir chez soi de cette manière a un réel impact, et il est essentiel de savoir vers quoi, vers où, vous souhaitez aller.
- L'équilibre revient rapidement dans la maison ou l'appartement dès que les pièces reprennent leur fonction.
- Définissez un objectif pour passer à l'action dans votre maison.
- Vous avez défini un objectif professionnel, alors investissez dans un espace qui sera votre bureau.
- Vous souhaitez rencontrer l'âme sœur, alors faites de la place à l'autre dans votre maison.
- Il n'y a pas de bonnes ou de mauvaises maisons. Seule la façon de regarder votre intérieur compte.
- Se réconcilier avec son appartement, sa maison, son studio, sa chambre, est essentiel avant de passer à autre chose.

- Pour vendre votre maison, un visiteur sera d'abord touché par l'entrée de la maison, à l'extérieur comme à l'intérieur.
- Se réconcilier avec son histoire en utilisant son habitation permet à chacun de se libérer des blocages liés au passé.
- Il est important de savoir ce que l'on souhaite faire de sa vie, car en dépend la sélection du type d'énergie et de lieu que l'on veut mettre en œuvre dans son existence.
- Vous pouvez utiliser les couleurs pour créer plus de dynamique dans votre vie ou au contraire calmer l'atmosphère.
- Tout peut se transformer à tout moment.
- Les porte-bonheur sont la représentation de ce que vous avez envie de vivre.
- Il y a trois endroits à dégager dans une maison pour éviter la stagnation et remettre l'énergie en circulation : l'entrée principale, le centre de la maison et la chambre.
- Le meilleur guide que vous puissiez suivre est votre intuition.

Pour conclure

Chaque habitation est un révélateur intérieur. Vous semez dans ce lieu vos espoirs et vos désirs, dans l'idée de trouver le bonheur. Quelquefois, on se dit que cela ne viendra jamais, puis, un jour, il fait étonnamment beau et tout semble se dérouler à merveille, jusqu'à ce qu'un drame surgisse. En effet, tout change, tout bouge perpétuellement. Les joies succèdent aux larmes, comme le calme à la tempête. La maison est le seul élément qui semble immuable dans cette agitation permanente. C'est pourquoi la plupart d'entre nous s'attachent aux habitations et ont du mal à s'en séparer.

Pourtant la métamorphose peut se faire de l'intérieur, en acceptant ce grand mouvement et en l'intégrant dans son existence comme un tremplin vers l'accomplissement. Il n'y a pas de bon ou de mauvais choix. Il y a des décisions que l'on prend en écoutant ses peurs et ses limites, et d'autres faites sous l'emprise du cœur. Nettoyez, en cas de doute sur ce que vous ressentez, et observez votre intérieur, en examinant votre maison. Mettez-vous dans la peau de celui qui arrive pour la première fois chez vous et qui découvre ce lieu. Il trouvera que votre maison vous ressemble, et comme il se sentira bien avec vous, il se sentira bien chez vous. Aimez votre intérieur, appréciez-le pour ce qu'il est : une représentation de votre existence à cet instant précis.

Il y a deux éléments à prendre compte pour vous aider à cette révélation intérieure.

Tout d'abord, votre habitat exerce une influence énergétique, qui est visible dans votre comportement au quotidien.

Votre maison est le miroir de votre vie intérieure, et l'interaction que vous avez avec elle permet de comprendre ce qui se passe ici, en vous. Ce que vous ressentez dans cet espace, c'est-à-dire la qualité énergétique du lieu, apparaît dans votre manière de l'aborder et de l'aménager. Ainsi, vous alimentez ce lieu de votre énergie par vos actions. Ces dernières viennent de vos pensées, de vos rêves, de votre vision de la vie. Tant que vous gardez le même regard, la même attitude, vous ne pouvez transformer ce lieu. Le changement viendra de vous, de votre manière d'aborder cet espace autant que de votre façon d'aborder la vie.

Puis il y a la réconciliation, qui permet d'avancer en regardant son histoire passée avec compassion.

Elle donne le ton de votre transformation et permet de vous ouvrir au bonheur en lui laissant chaque jour un peu plus de place. C'est une action quotidienne, une volonté intérieure qui apparaît sur les murs de votre maison et dont vous percevez le reflet. Une sagesse qui vient de vous.

J'aime entrer dans cette énergie et je m'aide de la gratitude, cela remplit les pièces de ma maison, et j'en ressens ensuite les effets. J'ai appris à regarder le verre à moitié plein de la vie en m'exerçant chaque jour à remercier pour cinq choses agréables de ma journée. Un apprentissage nécessaire pour contrer des réflexes innés où le stress est la priorité.

Notre cerveau est conçu pour nous faire réagir rapidement face à une situation stressante et dangereuse. L'hypothalamus envoie un signal aux glandes surrénales qui libèrent l'adrénaline afin de préparer l'organisme à une réaction rapide. Le corps est prêt à fuir, bondir, réagir. Sous ce flot d'hormones, la capacité de notre cerveau à effectuer un raisonnement correct s'en trouve rapidement altérée. Notre vision est rétrécie, au sens propre du terme comme au sens figuré. Notre vision de l'existence est déformée. Il faut donc entraîner l'esprit à regarder autre chose que le stress vers lequel chacun d'entre nous est naturellement attiré. Alors, je m'exerce au quotidien en écrivant ces mercis à la vie, à l'Univers, à moi-même. Je me donne l'opportunité de changer l'énergie que j'émets en appliquant la gratitude dans mon lieu de vie. Peu à peu, mon cerveau s'exalte du meilleur et s'éloigne du stress. Je constate cette évolution dans le décor de ma vie et de mon appartement.

Avec Ho'oponopono, j'ai découvert l'art d'être.

Vous pouvez dès maintenant décider de vivre le bonheur en l'incarnant. Vous seul pouvez lui donner la priorité, personne d'autre que vous ne peut faire ce choix. Votre famille, votre partenaire et vos amis sont vos compagnons, ils n'ont aucune prise sur votre ressenti. Ils sont, comme votre maison, le miroir de vos limites ou de vos rêves, et ne sont là que pour vous révéler à vous-même. Le nettoyage à l'aide des quatre mots « désolé, pardon, merci, je t'aime » libère des peurs, afin d'être la paix, la joie ou l'Amour que l'on veut voir en ce monde.

Quant au feng shui, il s'agit de l'art de prendre du recul.

Il vous permet de regarder le mouvement de circulation dans votre maison. Ainsi, vous détectez la fluidité ou l'absence de fluidité dans votre habitat, ce qui vous permet de comprendre que les entraves qui surgissent dans votre maison apparaissent aussi dans votre vie. Vous reprenez les rênes de votre existence en faisant ce constat et en changeant l'aménagement intérieur. Vous pouvez défaire ce qui a été mis en place. Vous êtes l'auteur de votre destinée.

À partir de mes connaissances en feng shui et de la pratique au quotidien du Ho'oponopono est née la méthode HO'OME®. Un outil pour vous révéler de l'intérieur et transformer votre existence, que je transmets dans mes séminaires.

Je la résume ainsi :

Observez… autour de vous et en vous les émotions qui sont réveillées.

Nettoyez… en vous, avant de nettoyer la maison.

Reconnaissez… vos peurs et vos limites, et laissez-les partir.

Écoutez… votre silence intérieur, d'où vont jaillir des évidences.

Aménagez…, passez à l'action, maintenant !

Ma vie s'est transformée au gré de cette compréhension que je transmets aujourd'hui. L'existence que je mène, je l'ai choisie. Je fais ce que j'aime et j'aime ce que je fais. Ce n'est pas de la chance mais une décision que j'ai prise il y a quelques années. Je ne pensais pas écrire autant de livres, ni devenir conférencière, cela s'est mis en place comme une évidence après m'être libérée de peurs anciennes. La magie naît de la confiance dans ses rêves. Je les ai laissés jaillir un jour de 1996 où je compris que je ne pouvais continuer de tourner en rond dans mon existence.

Je peux maintenant vous révéler quel fut mon souhait à ce moment précis : voyager dans le monde entier, avoir une vie de couple épanouissante et permettre que ce monde se transforme vers le meilleur. C'est exactement ce que je vis aujourd'hui.

Comme je vous l'ai révélé plus haut, mon objectif principal est qu'au dernier souffle, je me retourne sur mon histoire avec la satisfaction d'avoir laissé jouer ma musique intérieure, de l'avoir écoutée et d'avoir mis en place ce qu'elle me susurrait. C'est un défi au quotidien. C'est également une façon de donner de la valeur à mon existence en faisant ma part. Je transmets ce que j'ai compris de toutes les façons possibles, car j'ai eu cette révélation intérieure : *nous avons tous de la valeur à apporter à ce monde*. Chacun d'entre nous est indispensable. Il n'y a pas d'êtres qui méritent plus de vivre que d'autres, il y a des individus qui laissent leurs peurs devenir leur maître. Ils ne savent pas. Alors, je donne tout ce que je sais pour que la prise de conscience se fasse. Je le fais à mon niveau, avec mes capacités du moment. Sans attendre quoi que ce soit, en ayant comme point de mire ce jour où je m'en irai, sereine.

Je vous souhaite de vous révéler à vous-même et d'aller au bout de votre transformation. De cette manière, vous allez prendre votre place et apporter ce dont ce monde a tant besoin : la joie d'être, l'amour de la vie et la paix du cœur.

Nathalie Lamboy

Bibliographie

Le Guide Feng Shui de la maison, de Karen Kingston, préface de Denise Linn, éditions J'ai Lu, coll. « Bien-être », 2010.

Le Grand Livre du Feng Shui, de Gill Hale, éditions Manise, 2001.

Encyclopédie illustrée du Feng Shui, de Lilian Too, Guy Trédaniel éditeur, 2010.

Tao Te King, de Lao-Tseu, traduit par Stephen Mitchell, Synchroniques éditions, 2008.

Il faut le croire pour le voir, du Dr Wayne Dyer, éditions J'ai Lu, coll. « Aventure secrète », 2011.

Tout est clair maintenant, du Dr Wayne Dyer, Guy Trédaniel éditeur, 2016.

Le Pouvoir de la vulnérabilité, de Brené Brown, Guy Trédaniel éditeur, 2014.

À propos de l'auteure

Nathalie Lamboy est l'auteure de nombreux ouvrages de développement personnel, notamment sur la méthode hawaïenne Ho'oponopono. Elle a débuté dans le monde du subtil par la découverte de l'art du feng shui, dans lequel elle s'est spécialisée. Ces dernières années, elle s'est également formée au coaching et à des outils psycho-énergétiques. Aujourd'hui, elle partage ses connaissances au travers de livres et de stages.

L'objectif de Nathalie Lamboy est de permettre à chacun de se libérer pour se réaliser. Selon elle, le monde a besoin d'une humanité accomplie et épanouie pour se transformer.

Le site de Nathalie Lamboy :
www.vivrehooponopono.com

De Nathalie Bodin Lamboy

Le Grand Livre du Ho'oponopono (avec Luc Bodin et Jean Graciet), Éditions Jouvence, 2013.

Ho'oponopono : 30 formules de sagesse pour guérir les conflits, Guy Trédaniel éditeur, 2013.

Oracle Cristal Feng Shui : Réussir votre vie avec 44 cristaux, Guy Trédaniel éditeur, 2013.

4 clés pour réaliser vos rêves avec Ho'oponopono, Guy Trédaniel éditeur, 2014.

Ho'oponopono : Évoluer en toute liberté, Guy Trédaniel éditeur, avec CD, 2014.

Vivre avec Ho'oponopono : Découvrez votre mission de vie, Guy Trédaniel éditeur, avec CD, 2015.

Ho'oponopono et le couple : Vivre d'amour ou le bonheur d'être à deux, Guy Trédaniel éditeur, 2015.

Oracle des animaux chamaniques : Découvrez la voix intérieure, Éditions Véga, 2015.

Vivre avec Ho'oponopono : Découvrez votre mission de vie (avec Luc Bodin), Guy Trédaniel éditeur, cartes oracle, 2015.

Les 7 tremplins du succès (avec Chris Peytier), Guy Trédaniel éditeur, 2016.

Je crée ma vie en 21 jours avec Ho'oponopono, Guy Trédaniel éditeur, 2016.

Composition : Soft Office

Achevé d'imprimer en août 2017
sur les presses de la Nouvelle Imprimerie Laballery
58500 Clamecy
Dépôt légal : août 2017
N° d'impression : 708092

Imprimé en France

La **N**ouvelle **I**mprimerie **L**aballery est titulaire de la marque Imprim'Vert®